Fábio Vinícius Primak

DECISÕES COM B.I.
(BUSINESS INTELLIGENCE)

Decisões com B.I. (Business Intelligence)
Copyright© Editora Ciência Moderna Ltda., 2008
Todos os direitos para a língua portuguesa reservados pela EDITORA CIÊNCIA MODERNA LTDA.
De acordo com a Lei 9.610 de 19/2/1998, nenhuma parte deste livro poderá ser reproduzida, transmitida e gravada, por qualquer meio eletrônico, mecânico, por fotocópia e outros, sem a prévia autorização, por escrito, da Editora.

Editor: Paulo André P. Marques
Produção Editorial: Camila Cabete Machado
Copidesque: Rafael Azzi
Capa: Cristina Satchko Hodge
Diagramação: Janaina Salgueiro
Assistente Editorial: Vivian Horta

Várias **Marcas Registradas** aparecem no decorrer deste livro. Mais do que simplesmente listar esses nomes e informar quem possui seus direitos de exploração, ou ainda imprimir os logotipos das mesmas, o editor declara estar utilizando tais nomes apenas para fins editoriais, em benefício exclusivo do dono da Marca Registrada, sem intenção de infringir as regras de sua utilização. Qualquer semelhança em nomes próprios e acontecimentos será mera coincidência.

FICHA CATALOGRÁFICA

Primak, Fábio Vinícius da Silva
Decisões com B.I. (Business Intelligence)
Rio de Janeiro: Editora Ciência Moderna Ltda., 2008.

1. Inteligência empresarial; 2.Banco de dados; 3.Teoria da informação.
I — Título

ISBN: 978-85-7393-714-5

CDD 658
005.74
003.54

Editora Ciência Moderna Ltda.
R. Alice Figueiredo, 46 – Riachuelo
Rio de Janeiro, RJ – Brasil   CEP: 20.950-150
Tel: (21) 2201-6662/ Fax: (21) 2201-6896
E-MAIL: LCM@LCM.COM.BR
WWW.LCM.COM.BR

06/08

DEDICATÓRIA

"Dedico esta obra a todos os profissionais comprometidos com a qualidade e tratamento da informação em todas as esferas da empresa onde trabalham."

"Regozijai-vos sempre no Senhor;
outra vez digo regozijai-vos." – Filipenses 4:4

O Autor

Fábio Vinícius Primak

Brasileiro, nascido em Guarapuava-PR, em 24/05/1975. É Graduado pela Universidade do Estado de Santa Catarina, Campus Joinville-SC, em Processamento de Dados. Especialista em Gestão Contábil, Auditoria e Controladoria pela FACINTER, Curitiba-PR. Atualmente é Analista de Sistemas na empresa Condados Informática e trabalha com consultoria em sistemas ERP e Business Intelligence®, desenvolvimento de sistemas e websites, projeto de redes de computadores, consultoria em segurança em informática e desenvolvimento de plano diretor de informática.

Esta é a primeira obra do autor.

AGRADECIMENTOS

A Deus pelas Graças de bondade e misericórdia sempre a nós dispensada;

A minha maravilhosa e amada esposa, Ana Carla;

Ao meu querido e amado filho Rafael;

A minha família;

A todos os meus queridos e sinceros amigos;

A equipe da www.weblivre.net na pessoa do gestor e amigo Filipe Iorio;

A todos os autores de artigos, livros, teses, sites e revistas mencionadas no final desta obra que engrandeceram ainda mais este trabalho.

Ao Sr. Paulo André e a todos da Editora Ciência Moderna, que gentilmente permitiram a publicação desta obra.

Fábio Vinícius Primak

"O choro pode durar uma noite,
mas a alegria vem pela manhã." – Salmos 30:5

Advertência

O autor e a editora acreditam que todas as informações contidas nesta obra estão corretas e podem ser utilizadas para qualquer fim legal.

Entretanto, não existe qualquer garantia, explícita ou implícita, de que o uso de tais informações conduzirá sempre ao resultado desejado.

AOS ALUNOS E PROFESSORES

Prezados(as),

A finalidade desta obra é auxiliar nas aulas dos mais variados cursos sobre novas tecnologias aplicadas ao desenvolvimento da empresa tendo como base explicitamente a informação correta.

Este livro enfoca Business Intelligence® baseando-se em uma linguagem cotidiana, simples, detalhada e acessível.

Ao seu final, há vários estudos de casos que poderão ser aplicados como exemplos para trabalhos teóricos e, quem sabe, práticos.

Cordialmente,

Fábio Vinícius Primak

PREFÁCIO

Esta obra surgiu sobre três fatores principais: paixão do autor pelo assunto; artigos escritos e disponibilizados no www.weblivre.net e pelos vários contatos de colegas que estavam desenvolvendo seus trabalhos de conclusão de curso de graduação e especialização e não tinham material suficiente para concretizá-los.

Espero, humildemente, que ele seja muito útil a você, não só aluno, mas também professor, empresário ou apenas curioso, pois foi elaborado com carinho.

Caso queira conversar mais sobre o assunto, acesse o site www.decisoescombi.com.br ou mande-me uma mensagem pelo e-mail fabio@decisoescombi.com.br.

Cordialmente,

Fábio Vinícius Primak

Sumário

Capítulo 1 - Introdução ao Business Intelligence 1
   Histórico 3
   Evolução 4
   Objetivos do B.I. 10
   A Informação Aplicada de Forma Correta na Empresa 11
   Exemplo do que se Pode Conseguir com o B.I. 13

Capítulo 2 - Dado X Informação X Conhecimento X Decisão 17
   Dado X Informação X Conhecimento X Decisão 19

Capítulo 3 - A Importância da Informação no Processo Decisório ..21
   A Informática e o Processo Decisório 25
   Sistemas de Informação(SI) 25
   Sistemas de Informação Executiva (SIE ou EIS) 25
   Sistemas de Apoio à Decisão (SAD) 26
   Sistemas Inteligentes de Apoio à Decisão (SIAD) 27

Capítulo 4 - Ferramentas de B.I. 29
   BAM 35
   BPM 36
   Data Warehouse 37
   Metadados 46
   Data Mart 47
   Data Mining 50
   EIS 53
   Soluções de **Front End** **55**
      OLAP 56
   Ferramentas de Back End 62
      ETL 63
   DSS 66
   Árvore de Decisão 67
   Redes Neurais 68
   Geradores de Consultas e de Relatórios 69
   Data Warehouse X Data Mart X Operational Data Store 70

XVI ✓ Decisões com B.I. (Business Intelligence)

Capítulo 5 - A Influência do Fator Humano 71

Capítulo 6 - Iniciando um Projeto em B.I. 79

Capítulo 7 - Benefícios na Aplicação do B.I. 87

Capítulo 8 - Dificuldades na Implantação do B.I. 95

Capítulo 9 - B.I. como Ferramenta 101

Capítulo 10 - Integrando B.I. a Outras Tecnologias 107

Capítulo 11 - Aplicando B.I. nos Segmentos 113

Capítulo 12 - E-Business 121

Capítulo 13 - Explicando B.I. Graficamente 125

Capítulo 14 - B.I. na Prática 129

Capítulo 15 - Exemplos Práticos de Uso do B.I. 135
   GM 137
   Vésper 138
   Sistema Brasileiro de Televisão 139
   Redecard 140
   ABC Inco 142
   GVT 143

Bibliografia 147

INTRODUÇÃO AO BUSINESS INTELLIGENCE

Histórico

O termo Business Intelligence® (a empresa Gartner é detentora da paternidade do termo), ou simplesmente BI como será referido no restante do livro, não é tão recente como podemos imaginar à primeira vista.

O seu conceito prático já era usado pelos povos antigos. A sociedade do Oriente Médio antigo utilizavam os princípios básicos do BI quando cruzavam informações obtidas junto à natureza em benefício de suas aldeias. Analisar o comportamento das marés, os períodos chuvosos e de seca, a posição dos astros, entre outras, eram formas de obter informações que seriam utilizadas para tomar decisões importantes, permitindo a melhoria de vida de suas respectivas comunidades.

É evidente que o mundo em que vivemos mudou desde então, porém o conceito permanece inalterado. A necessidade de cruzar informações para a realização de uma gestão empresarial eficaz é atualmente uma realidade tão encravada em nossa sociedade quanto no passado.

Em termos de registro histórico, Yves-Michel Marti, professor, cientista e fundador de uma das maiores empresas da Europa de consultoria em Business Intelligence®, clama para o Velho Continente o berço e a aplicação prática pioneira do conceito de BI, o que teria acontecido muito antes do nascimento de Howard Dresner.

Conforme Marti, tradicionalmente, os países europeus são repletos de referências. Em seus estudos sobre economia, um dos exemplos citados destaca que no final do século XVI, quando a Rainha Elizabeth I, determinou que a base da força inglesa fosse "informação e comércio" e ordenou então ao filósofo Francis Bacon que inventasse um sistema dinâmico de informação, o qual foi amplamente aplicado pelos ingleses.

Evolução

O atual interesse pelo BI vem crescendo assustadoramente na medida em que seu emprego possibilita às organizações realizar uma série de análises e projeções, de forma a agilizar os processos relacionados às tomadas de decisão. É o que defende Howard Dresner, vice-presidente da empresa Gartner.

Pela percepção tecnológica, a era que podemos chamar de "pré-BI" está num passado não muito distante - entre trinta e quarenta anos atrás - quando os computadores deixaram de ocupar salas enormes, na medida em que diminuíram de tamanho e, ao mesmo tempo, as empresas passaram a perceber os dados como uma possível e importante fonte geradora de informações decisórias e que renderiam eventuais lucros.

Contudo, na época ainda não existiam recursos (hardware, software e pessoas) eficientes que possibilitassem uma análise real e consistente desses dados para a tomada efetiva de decisão.

As informações eram reunidas de maneira integrada, resultado de softwares transacionais estabelecidos predominantemente em dados hierárquicos. Porém, reunidos como blocos fechados, permitiam uma visão da singular da empresa, mas sem trazer ganhos de decisão ou de negócios.

Esta fase é no final dos anos 60, período em que cartões perfurados, e linguagens de programação como COBOL, FORTRAN e ASSEMBLY eram a realidade.

Era a época em que se via o computador como um "monstro desconhecido", que ainda parecia ser uma realidade distante para a grande maioria das empresas espalhadas pelo mundo.

Tudo começou a mudar na década de 70, com a evolução das formas de armazenamento e acesso a dados - DASD (*Direct Access Storage Device* - dispositivo de armazenamento de acesso direto), e SGBD (Sistema Gerenciador de Banco de Dados) -, duas importantes siglas cujo principal significado era o de estabelecer uma única fonte de dados para todo o processamento.

A partir desse momento o computador passou a ser visto como um "coordenador" central para atividades da empresa e o banco de dados foi eleito como recurso básico para assegurar a vantagem competitiva no mercado.

O termo Business Intelligence® surgiu na década de 80 no Gartner Group e faz referência ao processo inteligente de coleta, organização, análise, compartilhamento e monitoração de dados contidos em Data Warehouse / Data Mart, gerando informações para o suporte à tomada de decisões no ambiente de Negócios.

No início da década de 90, a grande maioria das empresas de porte grande já contava com Centros de Processamento de Dados (CPD) que, embora mantivessem estoque de dados, proporcionavam pouquíssima disponibilidade de informação.

Mesmo assim, os CPD´s conseguiam suprir, de certa forma, as necessidades de gestores para as devidas tomadas de decisão, fornecendo relatórios, gráficos e informações gerenciais.

O mundo empresarial começou a se comportar de modo mais complexo e a tecnologia da informação (TI) progrediu com o aprimoramento das ferramentas de software, as quais ofereciam informações precisas e no momento correto para alinhar ações que tinham como foco a melhoria do desempenho no mundo dos negócios.

Ainda nos primórdios da década de 90, surgiu o Data Warehouse (DW) que é uma grande base de dados, ou seja, um repositório único de dados (os quais foram consolidados e organizados) considerado pelos especialistas da área da informática como a "peça" essencial para a execução prática de um projeto de Business Intelligence®.

O setor corporativo passou a se interessar pelas soluções de BI de forma mais expressiva, principalmente no final de 1996, quando o conceito começou a ser espalhado como um processo de evolução do EIS (*Executive Information Systems*) - um sistema criado no final da década 70, a partir dos trabalhos desenvolvidos pelos pesquisadores do MIT (*Massachusets Institute of Tecnology* - EUA).

O EIS é uma tecnologia de software cujo objetivo principal é fornecer informações empresariais a partir de uma base de dados.

É uma ferramenta de consulta às bases de dados das funções empresariais para a apresentação de informações de forma simples e amigável (através de gráficos), atendendo às necessidades, principalmente, dos gestores da alta administração. Permite ainda o acompanhamento diário de resultados, tabulando dados de todas as áreas funcionais da empresa para depois exibi-los de forma simplificada, sendo de fácil análise e compreensão para aqueles que não possuem profundos conhecimentos sobre tecnologia.

Com a evolução natural da tecnologia, o termo Business Intelligence ganhou maior abrangência e importância, embutindo uma série de ferramentas, como o próprio EIS e mais as soluções DSS (*Decision Support System* - sistema de suporte à decisão), Planilhas Eletrônicas, Geradores de Consultas e de Relatórios, Data Marts, Data Mining, Ferramentas OLAP, entre outras, que têm como objetivo facilitar e agilizar a atividade comercial, dinamizar a capacidade de tomar decisões e refinar estratégias de relacionamento com os devidos clientes, respondendo às necessidades do setor corporativo.

A história do Business Intelligence® também está conectada diretamente ao ERP (*Enterprise Resource Planning*) sigla que representa os sistemas integrados de gestão empresarial cuja função é facilitar o aspecto operacional das empresas. Esses sistemas registram, processam e documentam cada fato novo na engrenagem corporativa e distribuem a informação de maneira clara e segura, em tempo real.

Mas as empresas que implantaram esses sistemas viram que apenas armazenar grande quantidade de dados de nada valia se essas informações se encontravam repetidas, incompletas e espalhadas em vários sistemas dentro da corporação. Percebeu-se então que era preciso disponibilizar ferramentas que permitissem reunir esses dados numa base única e trabalhá-los de forma a que possibilitassem realizar diferentes análises sob diversos ângulos. Por essa razão, a maioria dos fornecedores de ERP passou a embutir em seus pacotes os módulos de BI, que cada vez mais estão se sofisticando.

No entanto, quando falamos de BI, as opiniões nem sempre são unânimes. Para alguns consultores e analistas é importante que a empresa que deseja implementar ferramentas de análise disponha de um repositório específico para reunir os dados já transformados em informações. Esse repositório não precisa ser, necessariamente, um Data Warehouse, mas algo menos complexo como, por exemplo, um Data Mart (banco de dados desenhado de forma personalizada para assuntos ou áreas específicas), ou um banco de dados relacional comum, mas separado do ambiente transacional (operacional) e dedicado a armazenar as informações usadas como base para a realização de diferentes análises e projeções. Este é um assunto que iremos abordar com mais detalhes em nossos próximos capítulos.

QUADRO EVOLUTIVO DO B.I.

Período	**O que aconteceu ?**
Idade Antiga	• Povos do Oriente Médio cruzavam informações da natureza, marés etc. para analisaram a viabilidade do cultivo de determinadas espécies, períodos de pesca abundante etc.
Século XVI	• Rainha Elizabeth I, determinou que a base da força inglesa fosse "informação e comércio" e ordenou então ao filósofo Francis Bacon que inventasse um sistema dinâmico de informação, o qual foi amplamente aplicado pelos ingleses.
Década de 60	• Evolução dos computadores que deixaram de ocupar salas enormes, na medida em que diminuíram de tamanho. • As empresas passaram a perceber os dados como uma possível e importante fonte geradora de informações decisórias e que renderiam eventuais lucros. •Época dos cartões perfurados. • Predominância das linguagens de programação COBOL, ASSEMBLY e FORTRAN.

Década de 70	• Evolução das formas de armazenamento e acesso a dados - DASD e SGBD (Sistema Gerenciador de Banco de Dados). • Desenvolvido o EIS.
Década de 80	• Desenvolvimento e evolução das linguagens de programação CLIPPER e PASCAL. • Início da aplicação do termo Business Intelligence®.
Década de 90	• Início do uso termo CPD nas empresas. • Desenvolvimento do Data Warehouse. • O setor corporativo passou a se interessar pelas soluções de BI.
Década de 2000	• Evolução dos conceitos de DSS (*Decision Support System* - sistema de suporte à decisão), Planilhas Eletrônicas, Geradores de Consultas e de Relatórios, Data Marts, Data Mining, Ferramentas OLAP, entre outras. • Estreitamento das conexões entre o BI e o ERP. • Surgimento do termo e-business.

OBJETIVOS DO B.I.

Interessante como alguns termos usados em nosso dia-a-dia são mais fáceis de se entenderem praticando a tradução "ao pé da letra". Com o BI, isso fica realmente muito simples: Business Intelligence®, em nosso idioma tupiniquim, nada mais significa do que Inteligência nos Negócios (?!). Mas o que vêm a ser essa expressão? É complicado descrever em poucas palavras, no entanto, dá para dizermos que se os sistemas de BI forem implantados de forma correta, tornam-se uma "mina de ouro" para as empresas e isso é um dos pontos principais e fundamentais para a vida de uma "pessoa jurídica" seja ela pública ou privada.

Estes tais programas são um auxílio fundamental no processo de tomada de decisão gerencial.

Contudo, para que realmente haja uma Inteligência de Negócio voltada realmente para o processo da empresa, é imprescindível que sejam analisadas alguns pontos (alicerces), os quais serão objetos de nossos capítulos futuros.

Fica simples entendermos por que expressões como qualidade e competitividade empresarial fazem parte do dia-a-dia de qualquer empresa. As empresas que não têm interesse em conquistá-las e tê-las como seu "cliente" mais fiel, com certeza, estarão fadadas ao fechamento de suas portas. Ótimo para cada um de nós, clientes e consumidores!

A Informação Aplicada de Forma Correta na Empresa

Por ser um termo que expressa tecnologia e informática, o Business Intelligence® pertenceu ao pessoal de TI (*Tecnologia da Informação – Evolução do Centro de Processamento de Dados*) e dos especialistas em pesquisa de mercado, responsáveis pela extração de dados, pela implantação de processos e pela divulgação dos resultados aos gestores responsáveis pela tomada de decisões. No entanto, a evolução da Internet mudou tudo. Se até então a aplicação deste conceito era a de levar informação a poucos colaboradores selecionados de uma empresa para que fizessem uso em suas decisões, o desenvolvimento da Internet transformou esse cenário. Hoje, a rede permite disponibilizar soluções de BI para um número maior de pessoas.

O Comércio Eletrônico acelerou todos os negócios em todos os níveis. Soma-se a isso o novo consumidor, que se apresenta virtual, e para quem é preciso direcionar ações em razão de suas necessidades e interesses. Para ter ciência de quais são essas necessidades cada vez mais uma corporação precisa ter agilidade, capacidade de tomar decisões e refinamento nas estratégias de clientes, tudo isso com o menor tempo possível.

Atingir as metas passou a exigir um comprometimento corporativo elevado e a democratização da informação.

Internamente o BI não mudou "de dono", mas ganhou mais adeptos e mais "cabeças pensantes". O Business Intelligence® passou a ser tratado como uma aplicação de estratégica integrada, estando disponível através de estações de trabalho e nos servidores da empresa.

Nos dias atuais, corporações de pequeno, médio e grande porte necessitam do BI para auxiliá-las nas mais diferentes situações para a tomada de decisão, para otimizar o trabalho da organização, reduzir custos, eliminar a duplicação de tarefas, permitir previsões de crescimento da empresa como um todo e contribuir para a elaboração de estratégias.

Não importa o porte da empresa, mas a necessidade do mercado!

12 ✓ Decisões com B.I. (Business Intelligence)

Para que um projeto de BI leve a empresa rumo ao melhor desempenho é preciso analisar muito bem alguns fatores:

> *- Quanto irá ser gasto?*
> *- O que é esperado?*

> *"É preciso o alinhamento objetivo do projeto com os interesses e as estratégias da empresa levando a importância da Lei do Custo X Benefício."*

Ao redor do mundo existem vários exemplos de implantação de projeto de BI. No Brasil, soluções de Business Intelligence® estão em instituições financeiras, empresas de telecomunicações, seguradoras e em toda instituição que perceba a tendência da economia globalizada, em que a informação precisa chegar de forma rápida, precisa e abundante.

O resultado que se almeja de um projeto de BI depende das prioridades de cada empresa.

As ferramentas de BI continuam sua evolução natural porque o mercado possui enorme potencial de crescimento.

A velocidade dos negócios na web exige que se dê, a quem decide, disposição e autonomia para agir.

Exemplo do que se Pode Conseguir com o B.I.

Os dados aqui revelados são frutos de entrevistas, usando formulários de pesquisa, em 50 empresas dos variados portes e em diferentes regiões do Brasil.

Dentre as questões do formulário, aqui são apresentadas quatro fundamentais de relacionamento que podem nos dar uma base sobre os resultados eficientes que o BI proporciona a uma empresa cuja implantação desta tecnologia foi eficaz.

As perguntas dirigidas aos clientes destas 50 empresas e seus resultados foram estes:

1. Está satisfeito com as políticas de tratamento individual?

	Antes B.I. (%)	Após B.I. (%)
Ótimo	38	78
Bom	40	20
Razoável	10	2
Péssimo	12	0

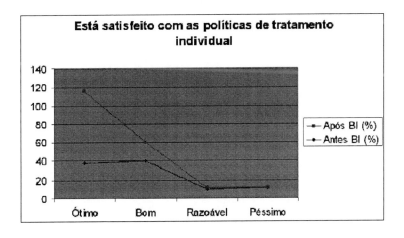

2. Nossos produtos e serviços estão sendo bem aceitos pelo mercado consumidor?

	Antes B.I. (%)	Após B.I. (%)
Ótimo	49	84
Bom	35	12
Razoável	8	4
Péssimo	8	0

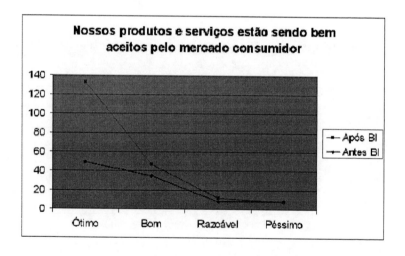

3. O tempo de atendimento aos novos prospects reduziu?

	Antes B.I. (%)	Após B.I. (%)
Ótimo	15	57
Bom	47	40
Razoável	22	2
Péssimo	16	1

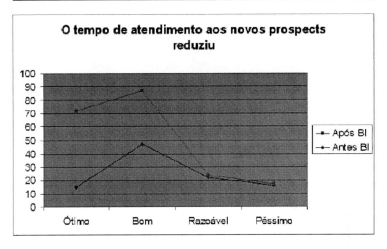

4. O tempo de resposta para questionamentos de clientes está dentro do previsto?

	Antes B.I. (%)	Após B.I. (%)
Ótimo	13	69
Bom	65	25
Razoável	16	6
Péssimo	6	0

16 ✓ Decisões com B.I. (Business Intelligence)

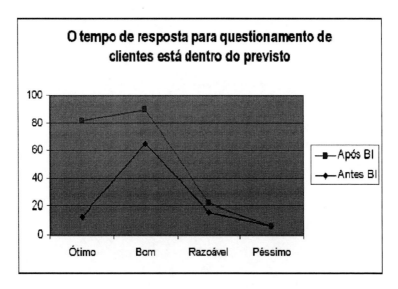

Nota-se, através dos números e gráficos, que houve grande satisfação por parte das empresas que optaram pela implantação de ferramentas Business Intelligence®. Principalmente no que se refere ao atendimento aos clientes e aos futuros clientes "prospects".

Como diz aquele ditado:

"Para que tenhamos um bom atendimento é necessário que nós nos coloquemos no lado do cliente".

Com isso, é possível analisarmos e extinguirmos todas as imperfeições de atendimento que porventura estejam acontecendo com nossos produtos/serviços.

DADO X INFORMAÇÃO X CONHECIMENTO X DECISÃO

Dado X Informação X Conhecimento X Decisão

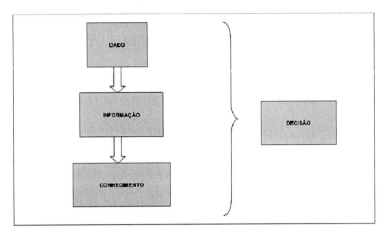

O BI, na sua essência, trata "apenas" da tomada de decisão eficaz. No entanto, é de fundamental importância, sabermos de onde partiu determinada decisão no âmbito da Empresa.

Dado é a personificação simplista de uma "coisa" que não nos traz nenhum sentido OU que nos gera um sentido duplo. Exemplo: Se colocarmos em uma lousa a seqüência 24/05/1975 muitas conclusões podemos analisar:

• É uma seqüência de números?

• Código para determinada ação?

• Uma data? (para os países que utilizam a forma Ocidental de representação)

• Somente números "separados por uma barra invertida"

Não é possível se ter certeza do que vem a ser esta seqüência de números se não temos mais informações sobre ele.

No entanto, se um outro detalhe é adicionado ao exemplo: É a data de nascimento deste humilde autor. Aí conseguimos identificar e eliminar as duas primeiras e a última alternativa acima. Agora SABEMOS.... Este SABEMOS é o conhecimento!

Dessa forma, nós adquirimos o conhecimento de que o autor faz aniversário no dia 24/05.

O outro passo, mais importante e intuito deste trabalho, é a DECISÃO! O que será feito com ela será de responsabilidade dos gestores (tomadores) de decisão...... Pode-se mandar um presente, um cartão ou, na pior das hipóteses (para mim, é claro) passar despercebido.

É esse ponto que eu gostaria de focar. Várias vezes, quando não se aplica os conceitos, técnicas e sistemas de Business Intelligence®, os gestores e tomadores de decisão possuem apenas a "seqüência de números"....... impraticável tomar uma decisão somente com isso, não?

Ou, em muitos casos, ter a informação completa e conseqüentemente possuir o conhecimento, no entanto, não tomar uma decisão.

Há de convir, caro leitor, que não há a "pior" ou "melhor" alternativa entre os dois casos explicados acima.

Aconteceram "falhas" no processo do seu início ao seu final, pois quando não se tinha o conhecimento, não tomou-se a iniciativa da decisão e quando tinha o conhecimento, simplesmente o mesmo foi descartado.

A Importância da Informação no Processo Decisório

A informação é base para a construção do conhecimento. Portanto, a informação não é conhecimento, mas sim componente deste. Com o objetivo de suprir a necessidade de a organização descobrir os seus "saberes", a gestão do conhecimento é um processo que visa abstrair o capital intelectual do seu ativo corporativo, captando os conhecimentos tácitos individuais de cada colaborador, registrando e armazenando-os em sistemas computacionais específicos para esse fim, tornando acessível o conhecimento composto por informações.

Nas organizações, é atribuída ao administrador a capacidade de decisão na condução dos negócios, lembrando que o resultado da decisão tomada por ele tanto pode resultar no sucesso de um empreendimento, quanto na sua falência.

É indiscutível a relevância da disponibilidade das informações apropriadas para o administrador no processo decisório, principalmente no momento da tomada da decisão. Sem ela, o administrador decidiria às cegas. Essa mesma informação servirá como instrumento de avaliação da qualidade da decisão, tomada por meio da alimentação de um processo de feedback.

Evidentemente que o administrador poderá utilizar experiências passadas para tomar determinada decisão, o que já configura a utilização de informação: a experiência passada, relembrada pelo indivíduo, é uma informação. Entretanto, aquela mesma informação que foi aplicada no passado para tomar uma determinada decisão, nesse novo instante, pode não representar mais a melhor informação.

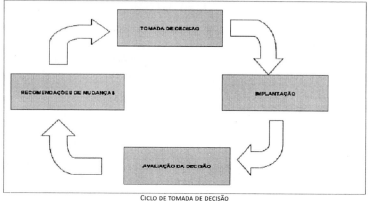
CICLO DE TOMADA DE DECISÃO

Como é possível observar, na figura anterior é sugerido um ciclo composto por fases, sendo que cada fase deve ser suprida por informações apropriadas.

No processo decisório, a informação assume capital relevância, na medida em que, se adequada, diminui a incerteza provocada pelo ambiente.

Diante dessa necessidade, a tecnologia da informação é um componente imprescindível para armazenamento de dados, obtenção de informações e geração do conhecimento, itens necessários para o administrador agir de forma segura e consistente.

Podemos dizer, de forma resumida, que a tomada de decisão consiste basicamente, na escolha de uma opção entre diversas alternativas existentes, seguindo determinados passos previamente estabelecidos e culminando na resolução de um problema de modo correto ou não.

A Informática e o Processo Decisório

Desde que o ambiente seja propício, a informática poderá tornar-se extremamente útil no processo de tomada de decisão, pois possibilitara a obtenção de dados com melhor qualidade e maior velocidade e, em certos casos, poderá ate sugerir novos caminhos decisórios.

Esta informatização devera passar por fases, que dependerão do estagio de automação em que a empresa se encontra e de suas reais necessidades. Podemos identificar, de forma resumida, os seguintes níveis de sistemas existentes em uma empresa, durante as varias fases de sua informatização:

Sistemas de Informação(SI)

Este e o requisito básico para a decisão automatizada, pois o processo decisório apóia-se na malha de sistemas de informação da empresa. Esta malha deve estar, de preferência, totalmente integrada, seja através da ligação de microcomputadores com mainframes, seja através de redes. A integração se faz necessária para que o executivo possa consultar os dados mais recentes da empresa, no exato momento em que precisar, sem intermediários.

Sistemas de Informação Executiva (SIE ou EIS)

Um dos principais objetivos destes sistemas e fornecer ao executivo, de forma selecionada e resumida, os dados necessários para a execução de entendimento da "situação-problema".

Estes sistemas são de consulta instantânea e relatórios na tela, montagem de gráficos e textos, tabulação de números etc., acessando diretamente a base de dados corporativa da empresa.

Sistemas de Apoio à Decisão (SAD)

São sistemas mais complexos que permitem total acesso à base de dados corporativa, modelagem de problemas, simulações e possuem uma interface amigável. Além disso, auxiliam o executivo em todas as fases de tomada de decisão, principalmente nas etapas de desenvolvimento, comparação e classificação dos riscos, além de fornecer subsídios para a escolha de uma boa alternativa.

Apesar da idade (aproximadamente duas décadas), o conceito de Sistemas de Apoio à Decisão ainda não esta totalmente livre de divergências entre estudiosos, usuários e fabricantes de software.

Enquanto alguns consideram a explanação inicial satisfatória, outros caracterizam sistemas de apoio à decisão como sendo qualquer sistema capaz de dar algum tipo de contribuição para o processo decisório.

A natureza flexível e adaptável de um SAD não permite que sejam utilizadas técnicas de desenvolvimento tradicionais. Isto porque os analistas de sistemas não conseguem definir o sistema, já que o responsável pela tomada de decisão só vai conhecer com precisão as suas reais necessidades após o início da resolução do problema.

O SAD deve ser desenvolvido com ativa participação do usuário e também permitir mudanças com rapidez e sem transtornos.

A abordagem de desenvolvimento mais adequada é, ate o momento, a união de todas as fases do desenvolvimento tradicional de sistemas em uma só, que devera ser repetida interativamente. Nesta solução, cujo nome é abordagem interativa, o usuário e o projetista definem um problema inicial significativo e desenvolvem um primeiro sistema simples, para dar apoio ao processo. Após um curto período de tempo (algumas semanas), o sistema é modificado de acordo com as necessidades reais e assim sucessivamente, ate que se alcance um sistema relativamente estável, quando, então, as modificações ocorrerão da maneira tradicional.

Sistemas Inteligentes de Apoio à Decisão (SIAD)

Estes sistemas são uma evolução dos Sistemas de Apoio à Decisão e pretendem integrar automação de escritório, IES, SAD e sistemas especialistas em um único ambiente, fornecendo um conjunto muito mais poderoso de ferramentas ao executivo.

Além das características herdadas dos sistemas anteriores, sua interação com inteligência artificial permite a sugestão de novas alternativas e o aconselhamento sobre a melhor solução a ser adotada.

FERRAMENTAS DE B.I.

CAPÍTULO 4 – Ferramentas de B.I. ✓ 31

Os dados que habitam os tradicionais sistemas legados recentemente implementados, ERP (*Enterprise Resource Planning*) ou pacotes integrados de gestão, que constituem a base dos processos de negócios das empresas, estão formatados e estruturados da forma transacional, dificultando, dessa maneira, o seu tratamento informacional. Assim, BI deve ser entendido como o processo de desenvolvimento de:

- Estruturas especiais de armazenamento de informações como DW (*Data Warehouse*), DM (*Data Mart*) e ODS (*Operational Data Store*), com o objetivo de se montar uma base de recursos informacionais, capaz de sustentar a camada de inteligência da empresa e possível de ser aplicada aos seus negócios, como elementos diferenciais e competitivos. Juntamente com o conceito de DM, DW, OSD, o conceito de BI contempla também o conjunto de ferramentas ETC (Extração, Tratamento e Carga), fundamentais para a transformação do recurso de dados transacional em informacional.

- Enquanto DW e DM se referem a estruturas dimensionais de dados remodeladas com o objetivo de prover análises diferenciais, o conceito de OSD, por sua vez, está relacionado ao armazenamento e tratamento de dados operacionais de forma também consolidada, porém sem as características dimensionais. O ODS além de representar a metade do caminho entre o legado e o DW, também oferece informações importantes do ponto de vista decisório, devido a sua característica de consolidação e integração de várias fontes de dados.

- Aplicações especiais de tratamento de dados, como OLAP e Data Mining. O termo OLAP (On-Line Analytical Processing) é hoje muito difundido, pode ser traduzido por processamento analítico on-line, e representa essa característica de se trabalhar os dados com operadores dimensionais, possibilitando uma forma múltipla e combinada de análise. O conceito de Data Mining, por outro lado, está mais relacionado com os processos de análise de inferência do que com os de análise dimensional de dados e representa uma forma de busca de informação baseada em algoritmos que objetivam o reconhecimento de padrões escondidos nos dados e não necessariamente revelados pelas outras abordagens analíticas, como OLAP.

A figura abaixo mostra esquematicamente os componentes de Data Warehouse, Data Mart, ODS e Ferramentas (entre as quais as de Mining), compondo o mosaico de BI. Além dos depósitos de dados na forma consolidada de Data Warehouse ou por assuntos/negócios (como Data Marts) e o ODS, aparece também a camada fundamental de ETC - Extração, Transformação e Carga, responsável pelas ações de coleta, limpeza, preparação e carga desses depósitos de informações. Os processos de Mining trabalharão sobre um extrato de dados especialmente preparado para esta forma de tratamento.

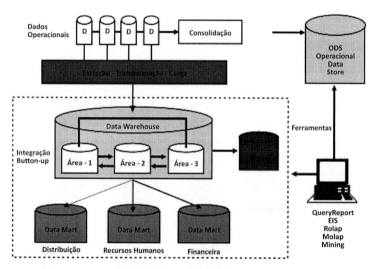

COMPONENTES DE UM AMBIENTE DE BUSINESS INTELLIGENCE

Porém, de nada adianta a empresa possuir todas as ferramentas disponíveis no mercado para a extração das informações e não saber ao certo como interpretá-las.

É necessário que a empresa saiba nortear o seu capital intelectual para que dessa forma as informações propiciadas pelo BI atendam às expectativas esperadas.

Os gestores poderão ter acesso às informações "rapidamente" e poderão abreviar o tempo de resposta, melhorando assim os processos decisórios. Dessa forma, a informação será o verdadeiro capital integralizado da empresa, trazendo conhecimento para as decisões imediatas e para aquelas que virão no futuro.

Contudo, trabalhar o conhecimento usando o BI é uma linha tênue que precisa estar sempre bem "presa" às definições dos processos evolutivos da empresa em conjunto com novas práticas comerciais, em melhores maneiras de relacionamento com os clientes e em novas formas de sobrevivência, visando sempre usar a inteligência nas tomadas de decisão precisas e coerentes.

Hoje, o conjunto de soluções para BI multiplicou-se! A diversidade de produtos é muito grande e continua em constante evolução e crescimento tecnológico.

É possível encontrar desde pacotes pré-configuráveis, até ferramentas "engessadas" e inclusive soluções que permitem às empresas se aventurarem no desenvolvimento de um sistema totalmente caseiro.

Estas ferramentas têm em comum a característica de facilitar a transformação dos "amontoados de dados" em informações de forma a auxiliar os diversos níveis de uma empresa na tomada segura de decisões.

Vamos analisar algumas ferramentas de B.I.:

- BAM

- BPM

- Data Warehouse

- Metadados

- Data Mart

- Data Mining

- EIS

34 ✓ Decisões com B.I. (Business Intelligence)

- Soluções de *front end*

  - OLAP

- Ferramentas de *back end*

  - ETL

- DSS

- Árvore de Decisão

- Redes Neurais

- Geradores de Consultas e de Relatórios

Aí vem a seguinte e importante questão: "Qual ou quais delas devemos utilizar?" Simples a resposta: "Dependerá da necessidade específica de cada empresa!" Simples?? Bem, não é tãããããooo simples assim... Principalmente quando falamos na trilogia Hardware X Software X Orçamentos limitados.

O que a empresa precisa ter em mente no momento de se "aventurar" numa ferramenta de BI é que esta deve permitir o acesso aos detalhes imprescindíveis das imensas bases de dados com o menor tempo e custo possível.

A tabela abaixo apresenta um quadro-resumo com as principais características dos diversos tipos de ferramentas que podem ser utilizadas para extrair informações de um ambiente de Data Warehouse:

Tipo de Ferramenta	Questão Básica	Exemplo de Resposta	Usuário Típico e suas necessidades
Pesquisa e relatórios	"O que aconteceu?"	Relatórios mensais de vendas, histórico do inventário.	Dados históricos, habilidade técnica limitada.
OLAP	"O que aconteceu e por quê?"	Vendas mensais versus mudança de preço dos competidores.	Visões estáticas da informação para uma visão multidimensional; tecnicamente astuto.
EIS	"O que eu preciso saber agora?"	Memorandos, centros de comando.	Informações de alto nível ou resumidas; pode não ser tecnicamente astuto.
Data Mining	"O que é interessante?" "O que pode acontecer?"	Modelos de previsão.	Tendências e relações entre os dados; tecnicamente astuto.

BAM

A revolução do BI e do BPM acabou gerando mais uma forma de controle chamada de BAM (monitoramento da atividade de negócio). Esse tipo de controle sempre foi perseguido pelas empresas e existia de uma forma ou de outra. Com sua evolução, ela começa a aparecer cada vez mais nas empresas.

A idéia é simples: coloque uma interface parecida com a de controle de velocidade dos carros no computador de alguém e a conecte com vários dados críticos de desempenho em tempo real de suas operações, tais como vendas por hora, produtividade, eficiência etc. A racionalidade da

36 ✓ Decisões com B.I. (Business Intelligence)

coisa está em que o executivo precisa ter acesso à informação quando ela acontece, exatamente como os controles de um carro, como a velocidade, que você precisa adaptar as condições da estrada, por exemplo.

BAM é um termo que pode significar diferentes coisas para diferentes pessoas, mas BAM é um software que pode exteriorizar em tempo real informações de negócio que são importantes de alguma maneira. Você pode organizar os BAM's em três tipos básicos:

Métricas de Processo	
São tecnologias de integração de processos que mostram informação em tempo real como parte do processo do mecanismo de integração. Assim, você não só pode criar meta processos acima dos processos existentes na empresa, como exteriorizar suas informações em tempo real e até mesmo calcular hipóteses usando os dados fornecidos. Elas não oferecem uma verdadeira capacidade de decisão, mas somente monitoração sobre um processo.	
BAM passivo	**BAM ativo**
É o que vemos atualmente nas empresas. São servidores de integração que permitem mostrar as informações em tempo real de uma forma simples para os usuários finais. Os usuários podem observar o estado de seus negócios e fazer as mudanças necessárias, embora elas não sejam implementadas pelo sistema BAM.	Este tipo de sistema é mais complexo. Usando essa tecnologia, você não só pode monitorar ou calcular usando os dados oferecidos em tempo real, mas também tomar ações usando lógicas pré-programadas. Por exemplo, você pode estabelecer uma regra que faz pedidos para seu fornecedor tão logo o estoque esteja abaixo de um certo limite.

BPM

O BPM (*Business Performance Management*) é uma forma de orientar seus negócios ativamente na direção que você deseja, de forma rápida e precisa, em vez de passivamente criticar os resultados depois dos fatos já terem ocorrido. Esse novo termo que denota uma abordagem holística para a tomada de decisões nos negócios, com o objetivo de melhorar a capacidade de entendimento dos negócios e gerenciar sua performance em todos os níveis, incluindo acionistas, gerentes, staff, clientes e fornecedores dentro de um ambiente de gerenciamento integrado.

A importância de se obter os indicadores cada vez mais rapidamente e com maior precisão é de subsidiar o processo de tomada de decisão em tempo real. Existem dois tipos de BPM: o **Business Performance Measurement** (medidas) e o **Business Performance Management** (gerenciamento).

As BPM de medidas são aquelas aplicações que utilizam KPIs (*Key Performances Indicators* – ou indicadores chaves de desempenho) para "medir" a performance, ou que utilizam a informação comparativa do mercado (comparações com os concorrentes), OLAP - navegação entre várias métricas de performance em dimensões de negócio e oferecem apoio na fase de análise do ciclo de negócio.

As BPM de gerenciamento são aquelas que apóiam a modelagem ou exploração de cenários e levam o usuário um passo além, possibilitando a consideração das implicações de cursos alternativos de ações (em vez de simplesmente explorar o que aconteceu e porque). Podem suportar modelagem preditiva, fecham as pontas entre os sistemas operacionais e analíticos e permitem o gerenciamento da performance da empresa.

DATA WAREHOUSE

Para entender o que é um DW, é importante fazer uma comparação com o conceito tradicional de banco de dados.

"Um banco de dados é uma coleção de dados operacionais armazenados e utilizados pelo sistema de aplicações de uma empresa específica". Os dados mantidos por uma empresa são chamados de "operacionais" ou "primitivos".

Levando em consideração esta definição sobre dados operacionais, pode-se dizer que um DW é, na verdade, uma coleção de dados deriva-

38 ✓ Decisões com B.I. (Business Intelligence)

dos dos dados operacionais para sistemas de suporte à decisão. Estes dados derivados são, muitas vezes, referidos como dados "gerenciais", "informacionais" ou "analíticos".

Os bancos de dados operacionais armazenam as informações necessárias para as operações diárias da empresa, são utilizados por todos os funcionários para registrar e executar operações pré-definidas, por isso seus dados podem sofrer constantes mudanças conforme as necessidades atuais da empresa. Por não ocorrer redundância nos dados e as informações históricas não ficarem armazenadas por muito tempo, este tipo de BD não exige grande capacidade de armazenamento.

Já um DW armazena dados analíticos, destinados às necessidades da gerência no processo de tomada de decisões. Isto pode envolver consultas complexas que necessitam acessar um grande número de registros, por isso é importante a existência de muitos índices criados para acessar as informações da maneira mais rápida possível. Um DW armazena informações históricas de muitos anos e por isso deve ter uma grande capacidade de processamento e armazenamento dos dados que se encontram de duas maneiras: detalhados e resumidos.

Na tabela a seguir estão relacionadas algumas diferenças entre bancos de dados operacionais e DW, bem como as diferenças dos dados que eles manipulam.

Características	Bancos de dados Operacionais	Data Warehouse
Objetivo	Operações diárias do negócio	Analisar o negócio
Uso	Operacional	Informativo
Tipo de processamento	OLTP	OLAP
Unidade de trabalho	Inclusão, alteração, exclusão	Carga e consulta
Número de usuários	Milhares	Centenas

Tipo de usuário	Operadores	Comunidade gerencial
Interação do usuário	Somente pré-definida	Pré-definida e *ad-hoc*
Volume	Megabytes – gigabytes	Gigabytes – terabytes
Histórico	60 a 90 dias	5 a 10 anos
Granularidade	Detalhados	Detalhados e resumidos
Redundância	Não ocorre	Ocorre
Estrutura	Estática	Variável
Manutenção desejada	Mínima	Constante
Acesso a registros	Dezenas	Milhares
Atualização	Contínua (tempo real)	Periódica (*em batch*)
Integridade	Transação	A cada atualização
Número de índices	Poucos/simples	Muitos/complexos
Intenção dos índices	Localizar um registro	Aperfeiçoar consultas

Com base nestes conceitos podemos concluir que o DW não é um fim, mas sim um meio que as empresas dispõem para analisar informações históricas, podendo utilizá-las para a melhoria dos processos atuais e futuros.

DW são resumos de dados retirados de múltiplos sistemas de computação normalmente utilizados há vários anos e que continuam em operação. DW são construídos para que tais dados possam ser armazenados e acessados de forma que não sejam limitados por tabelas e linhas estritamente relacionais. Os dados de um DW podem ser compostos por um ou mais sistemas distintos e sempre estarão separados de qualquer outro sistema transacional, ou seja, deve existir um local físico onde os dados desses sistemas serão armazenados. A figura a seguir ilustra os principais componentes de um DW, mostrando que entre as fontes de dados e os acessos a estes dados está o DW. Antes deste deslocamento, sempre haverá a aplicação de técnicas de filtragem, agrupamento e/ou refinamento dos dados.

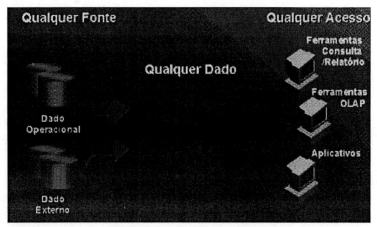

PRINCIPAIS COMPONENTES DE UM DATA WAREHOUSE

Sabemos que os bancos de dados são muito importantes para as empresas e estamos cientes de que sempre foi difícil analisar os dados neles existentes. Tudo isso porque geralmente as empresas detêm um volume enorme de dados em diversos sistemas diferentes.

Não conseguíamos buscar informações que permitissem tomarmos decisões embasadas num histórico dos dados.

Com esse histórico podemos posicionar a empresa estrategicamente para ser mais competitiva, e consequentemente maximizar os lucros, diminuindo o índice de erros na tomada de decisão eficaz.

O Data Warehouse (DW) consiste em organizar os dados corporativos de maneira integrada, com uma única versão da verdade, histórico, variável com o tempo e gerando uma única fonte de dados, que será usada para abastecer os Data Marts (DM).

CAPÍTULO 4 – Ferramentas de B.I. ✓ 41

Isso permite aos gerentes e diretores das empresas tomarem decisões embasadas em fatos concretos, cruzando informações de diversas fontes. Isso agiliza a tomada de decisão e diminui os erros. Tudo isso num banco de dados paralelo aos sistemas operacionais da empresa.

Para organizar os dados, são necessários novos métodos de armazenamento, estruturação e novas tecnologias para a geração e recuperação dessas informações.

Essas tecnologias diferem dos padrões operacionais de sistemas de banco de dados em três maneiras:

- Disponibilizam visualizações informativas, pesquisando, reportando e modelando capacidades que vão além dos padrões de sistemas operacionais frequentemente oferecidos;

- Armazenam dados frequentemente em formato de cubo (OLAP) multidimensional, permitindo rápida agregação de dados e detalhamento das análises (*drilldown, drill trought* etc.);

- Dispõem de habilidade para extrair, tratar e agregar dados de múltiplos sistemas operacionais em Data Marts ou Data Warehouses separados.

Um ambiente estruturado, extensível, projetado para a análise de dados não voláteis, lógica e fisicamente transformados, provenientes de diversas aplicações, alinhados com a estrutura da empresa, atualizados e mantidos por um longo período de tempo, referidos em termos utilizados no negócio e sumarizados para análise rápida.

A arquitetura de um Data Warehouse possui sistemas que o alimentam, seus usuários, o DW propriamente dito e os metadados.

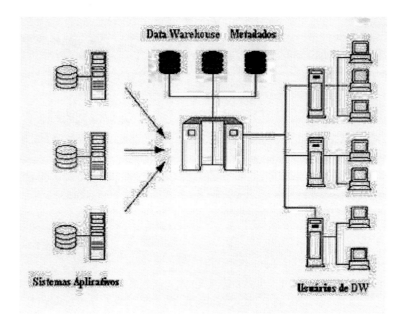

ARQUITETURA DE UM DATA WAREHOUSE

Antes da popularização dos Data Warehouse e das ferramentas ERP, uma verdadeira integração de dados era apenas um sonho - sistemas trocavam dados na forma que atendesse às necessidades de cada um deles, sendo por isso chamado "sistemas integrados", sem que essa integração sequer se aproximasse do que se vê hoje nos ERP, cujos fornecedores têm sistematicamente dado a seus produtos características que os tornam facilmente fornecedores de dados aos *warehouses*.

Cada aplicativo tinha uma visão do que era um cliente, um produto ou ou uma operação; uma visão corporativa das informações disponíveis era praticamente ficção. Dados históricos não existiam de forma organizada e os dados sintéticos disponíveis mostravam quase sempre apenas uma pequena parte da realidade da empresa.

ERP e a tecnologia Data Warehouse podem suprir estas insuficiências, integrando dados, provendo dados históricos e permitindo a recuperação de informações de forma sintética ou analítica.

A integração dos dados permite a um executivo ter uma visão "corporativa" dos dados.

Uma vez que o *warehouse* já esteja construído, a próxima etapa será sua exploração, no sentido de buscar, utilizar, as informações nele contidas. Esse trabalho, que é chamado "*data mining*", permite descobrir padrões importantes, relações de causa e efeito que vinham passando despercebidas, tendências a longo prazo etc., de forma a permitir a melhoria dos processos.

O erro mais comum, quando uma corporação decide construir um DW é começar o trabalho pela escolha das ferramentas de acesso, conhecidas também por componente *front end*. A ferramenta de extração dos dados é uma parte muito importante do projeto do DW, mas apenas uma pequena parcela de um conjunto bastante complexo de soluções de hardware e software. Depois de definido e projetado o escopo do projeto e depois de construído o repositório de dados, é que se deve chegar às ferramentas de *front-end* responsáveis pelo meio de campo entre as bases de dados e os usuários finais da área executiva. Elas não podem ser muito complexas porque não serão utilizadas por profissionais da área técnica, mas precisam ser robustas o suficiente para dar agilidade no acesso às informações estratégicas.

Existem várias maneiras de recuperar informações de um DW. As formas de extração mais comuns no mercado hoje são os relatórios, as consultas, os EIS, ferramentas que utilizam características OLAP e as ferramentas de Data Mining. A nova tendência dessas soluções é a integração com o ambiente web, permitindo maior agilidade em consultas estáticas e dinâmicas.

O acesso aos dados do DW pode ser realizado de duas maneiras: diretamente ou indiretamente. Para acessar dados diretamente do DW as aplicações do ambiente operacional enviam uma solicitação referente a dados localizados no DW. A solicitação é passada ao ambiente de DW e os dados são localizados e transferidos para o ambiente operacional.

A figura a seguir mostra uma consulta feita pelo ambiente operacional diretamente ao DW.

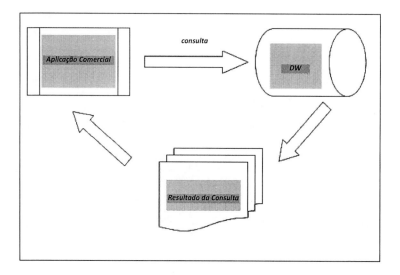

O acesso direto aos dados do DW pelo ambiente operacional é uma ocorrência rara, pois, apesar de parecer simples e eficiente, uma simples solicitação pode sofrer uma série de limitações. Estas limitações impedem que a maioria dos dados sejam transferidos diretamente do DW para o ambiente operacional. Algumas destas condições são citadas a seguir.

- Uma solicitação pode levar até 24 horas para ser atendida. Isso significa que o processamento operacional não deve apresentar qualquer exigência em termos de resposta;

- A solicitação deve ser referente a uma quantidade mínima de dados;

- Deve existir compatibilidade entre as tecnologias de gerenciamento do DW e a do ambiente operacional;

- Não deve existir formatação de dados na passagem destes para o ambiente operacional.

Essas condições impedem que a maioria dos dados seja transferida diretamente do DW para o ambiente operacional. Uma das formas mais eficientes de utilização do DW é o acesso indireto aos seus dados. O acesso indireto aos dados do DW é recomendado por ser eficiente e muito rápido. A figura a seguir mostra um acesso indireto feito pelo ambiente operacional ao DW.

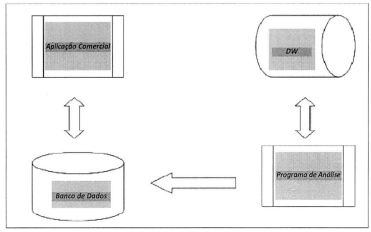

CONSULTA FEITA DIRETAMENTE AO DW

Para isso, o DW é analisado periodicamente por um programa que analisa características e critérios relevantes pré-definidos. A análise cria, então, no ambiente operacional, um pequeno arquivo que contém informações sucintas sobre os negócios da empresa. Este arquivo fica disponível para consultas *on-line*, possibilitando o rápido acesso aos dados do DW.

O programa de análise normalmente apresenta muitas características de inteligência artificial, pode acessar todos os dados do DW e é executado em segundo plano, o que faz que o DW fique disponível para

46 ✓ Decisões com B.I. (Business Intelligence)

outras tarefas ou consultas enquanto ele atualiza o arquivo que será utilizado no ambiente operacional. A grande vantagem da utilização deste arquivo de dados no ambiente operacional é que ele é direcionado para o acesso a unidades individuais de dados, não a varreduras massivas de dados.

METADADOS

Os metadados, definidos como os "dados dos dados", constituem peças fundamentais num DW. Isso porque em um Data Warehouse, além do banco de dados, gera-se uma documentação muito maior que nos BDs tradicionais. É feito o levantamento dos relatórios a serem gerados, de onde vêm os dados para alimentar o DW, os processos de extração, tratamento e rotinas de carga de dados. Tudo isso, acrescido das regras de negócios da empresa, das mudanças ocorridas ao longo do tempo e da freqüência de acesso aos dados, gera os metadados.

Os metadados mantêm as informações sobre "o que está onde" num DW. Eles podem surgir de vários locais durante o decorrer do projeto.

Podem ser "encontrados" em vários locais durante o desenvolvimento de um DW.

Alguns tipos de metadados são classificados conforme suas fontes. Estas fontes e o tipo de metadados que pode ser obtido através delas são:

• **Repositórios de ferramentas CASE:** Normalmente os dados contidos em ferramentas CASE são estruturados, o que facilita a integração automática entre a origem dos metadados e o repositório do ambiente de DW. Pode-se extrair informações sobre a origem dos dados, o fluxo dos dados (os processos que utilizam e transportam os dados), o formato dos dados e as definições de negócios.

• **Documentação do desenvolvimento dos sistemas operacionais:** O tipo de metadados potencialmente disponível é idêntico ao item acima. A diferença é que normalmente a documentação de desenvolvimento dos sistemas não está estruturada, o que pode dificultar o entendimento das origens e fluxos dos dados.

CAPÍTULO 4 – Ferramentas de B.I. ✓ 47

- **Código fonte dos sistemas operacionais:** Quando não existe uma documentação eficiente dos sistemas operacionais, é possível extrair as informações sobre eles através dos programas fontes. Como vasculhar todos os programas de um ou vários sistemas operacionais a procura de regras é um trabalho demorado e oneroso, é possível simplesmente utilizá-los como forma de esclarecer dúvidas que a documentação não contempla, também cobre os mesmos tipos de informações das fontes anteriores.

- **Entrevistas:** Apesar de não ser uma fonte estruturada de informações, entrevistar profissionais da empresa que entendam do negócio, como gerentes e analistas, é de vital importância. Destas entrevistas pode se obter regras e informações que não estão explícitas na documentação dos sistemas, como requisitos para teste dos dados e indicadores de qualidade dos dados.

- **O próprio ambiente do DW:** Informações tais como freqüência de acesso às informações, em que nível de agregação, tempo de resposta de cada consulta, auditoria de acesso de informações por usuários, são informações interessantes de se manter, que podem ser geradas pelo próprio sistema ao longo de sua utilização, podendo ser usadas, dentre outros propósitos, para a criação de estruturas de metadados.

DATA MART

Muitas companhias ingressam num projeto de Data Warehouse focando necessidades especiais de pequenos grupos dentro da organização. Estes pequenos armazenamentos de dados são chamados de Data Mart. Um Data Mart é um Data Warehouse reduzido que fornece suporte à decisão de um pequeno grupo de pessoas.

Algumas organizações são atraídas aos Data Marts não apenas por causa do custo mais baixo e um tempo menor de implementação, mas também por causa dos correntes avanços tecnológicos.

48 ✓ Decisões com B.I. (Business Intelligence)

São elas que fornecem um SAD customizado para grupos pequenos, de tal modo que um sistema centralizado pode não estar apto a fornecer. Data Marts podem servir como veículo de teste para companhias que desejam explorar os benefícios do Data Warehouse.

O Data Warehouse pode ser uma decisão estratégica, mas não pode ser encarado com imediatismo, ou seja, não é apenas algo que se realiza aos poucos, mas também é um processo contínuo de atualização e consolidação dos dados corporativos. Por isso, os investimentos em um sistema desse tipo não devem nem podem ser feitos de uma única vez, mas de forma gradual ao longo do tempo.

É preciso ter em mente que as diferenças entre Data Mart e Data Warehouse são apenas com relação ao tamanho e ao escopo do problema a ser resolvido. Portanto, as definições dos problemas e os requisitos de dados são essencialmente os mesmos para ambos. Enquanto um Data Mart trata de problema departamental ou local, um Data Warehouse envolve o esforço de toda a companhia para que o suporte à decisões atue em todos os níveis da organização. Sabendo-se as diferenças entre escopo e tamanho, o desenvolvimento de um Data Warehouse requer tempo, dados e investimentos gerenciais muito maiores que um Data Mart.

Os Data Marts atendem as necessidades de unidades específicas de negócio ao invés das necessidades da corporação inteira. Eles otimizam a entrega de informação de suporte à decisão e se focam na sumarizada e/ou dados exemplificativos ao invés do histórico de níveis atomizados. Eles podem ser apropriados e gerenciados por pessoal fora do departamento de informática das corporações.

A criação de um Data Warehouse requer tempo, dinheiro e considerável esforço gerencial.

Há um consenso entre os fornecedores de soluções de Data Warehouse. A idéia é começar pequeno, mas pensando grande. E é o que está acontecendo. Na maioria dos casos, as empresas que optam pelo Data Warehouse iniciam o processo a partir de uma área específica da empresa para depois ir crescendo aos poucos. Mesmo nos casos de "Full Warehouse" ou Data Warehouse completos - como o da Previdência

CAPÍTULO 4 – Ferramentas de B.I. ✓ 49

Social da Holanda e Noruega - o processo costuma ser organizado a partir dos Data Marts.

A variação de custo e duração de um projeto de Data Warehouse depende do tamanho e da infra-estrutura da base de dados a ser trabalhada e também da necessidade de "poder de fogo" (do quão estratégico e eficiente tem que ser o sistema para o cliente). Acima de tudo, a empresa tem que saber identificar quais são os tipos de informações mais valiosos.

Por muitos anos, todos os sistemas que extraíam dados de sistemas legados e os armazenavam de maneira utilizável para suporte à decisão eram chamados Data Warehouses. Ao longo dos últimos anos, uma distinção tem sido feita entre os corporativos Data Warehouses e os departamentais Data Marts, mesmo que geralmente o conceito ainda continue sendo chamado de data warehousing.

Debates na indústria em geral indicam que aproximadamente 70 a 80 por cento de todos os Data Warehouses atualmente em produção são, de fato, Data Marts. Na Conferência do Meta Group/DCI 1997 Data Warehouse World Conference, de fevereiro de 1997, observou-se que "o foco dos departamentos de informática tem se transferido da justificação do custo de implementação de Data Warehouses para a entrega de aplicações de Data Marts".

A crescente popularidade desses mal definidos Data Marts em cima da popularidade dos grandes sistemas de Data Warehouses corporativos é baseada em muitos bons motivos:

- Os Data Marts têm diminuído drasticamente o custo de implementação e manutenção de sistemas de apoio à decisão e têm os posto ao alcance de um número muito maior de corporações;

- Eles podem ser prototipados muito mais rápido, com alguns pilotos sendo construídos entre 30 e 120 dias e sistemas completos sendo construídos entre 3 e seis meses;

- Os Data Marts têm o escopo mais limitado e são mais identificados com grupos de necessidades dos usuários, o que se traduz em esforço/time concentrado.

50 ✓ Decisões com B.I. (Business Intelligence)

Os departamentos autônomos e as pequenas unidades de negócio freqüentemente preferem construir o seu próprio sistema de apoio à decisão via Data Marts. Muitos departamentos de informática estão vendo a efetividade deste *approach* e estão agora construindo o Data Warehouse por assunto ou um Data Mart por vez, gradualmente ganhando experiência e garantindo o suporte dos fatores chave de gerenciamento, possibilitando, então, benefícios concretos muitas vezes ao ano. Começando com planos modestos e os desenvolvendo na medida em que se adquire mais conhecimento sobre as fontes de dados e as necessidades dos usuários, faz com que as organizações justifiquem os Data Marts na medida em que progridem.

Algumas vezes, projetos que começam como Data Warehouses se transformam em Data Marts. Quando as organizações acumulam grandes volumes de dados históricos para suporte à decisão que se mostram pouco ou nunca utilizados, elas podem reduzir o armazenamento ou arquivamento de informação e contrair o seu Data Warehouse em um Data Mart mais focado. Ou elas podem dividir o *warehouse* em vários Data Marts, oferecendo tempos de resposta mais rápidos, acesso mais fácil e menos complexidade para os usuários finais.

DATA MINING

Um dos grandes problemas dos especialistas em análise de informação é a transformação de dados em informação. Como fazer isso de uma forma automatizada e no menor tempo possível? Uma das respostas para isso é a combinação de estatística convencional com técnicas de inteligência artificial, que resulta em uma técnica muito comentada nos dias de hoje, o Data Mining. Os processos de Data Mining são extremamente complexos, além de serem trabalhos que dificilmente serão resolvidos apenas por um especialista em Data Mining. Em qualquer projeto de Data Mining é obrigatório a existência de um profissional com o conhecimento do negócio, pois ele possui domínio total do assunto. Isso é para evitar que o resultado da modelagem não tenha a menor utilidade para apoiar uma decisão.

A figura a seguir mostra, numa visão geral, os passos principais de um projeto de Data Mining. No esquema estão os grandes blocos do projeto, com as fases de preparação, mineração, análise e aplicação. A fase de preparação consiste de atividades que vão desde a construção de um banco de dados separado para os dados sujeitos ao Mining até a atividade de carregar o banco de dados para o processo de Mining. A preparação dos dados a serem utilizados num projeto vai variar de acordo com o algoritmo de Mining escolhido. Dependendo deste algoritmo, os dados serão formatados de maneiras diferentes. Este processo de preparação dos dados é determinante para o sucesso do Data Mining e costuma consumir muito tempo e recurso. A fase de mineração é responsável por criar os modelos de Data Mining, definir amostras ou população e selecionar dados para treinar o modelo. Além disso, é nesta fase que deverá ser definida a formatação requerida pelas ferramentas. Por exemplo, redes neurais exigem dados na forma dicotômica (sim/não) e árvore de decisão demanda agrupamentos, como bom, médio e ruim. Por fim, nesta fase serão criados os previsores ou atributos-chave para a análise do negócio. Alguns modelos básicos de garimpagem de dados podem ser utilizados na fase de análise tais como:

- **Agregação:** tem como objetivo a obtenção de agrupamentos baseados na similaridade apresentada pelos dados.

- **Classificação:** são processos utilizados para se definir grupos ou classes de elementos, baseado em certos parâmetros pré-estabelecidos.Várias abordagens são usadas para definir modelos de referência (redes neurais, árvores de decisão, baseados em regras), sendo que algumas permitem a definição explícita da classe (árvore de decisão) e outras o seu modelo implícito (redes neurais).

- **Padrões Seqüenciais:** são processos que visam à identificação de fatos que implicam em outros fatos, em momentos diferentes de tempo.

- **Regras de associação:** São regras que são formadas com informações existes na base de dados. São relacionamentos que na grande parte das vezes não são conhecidos pelo detentor do negócio.

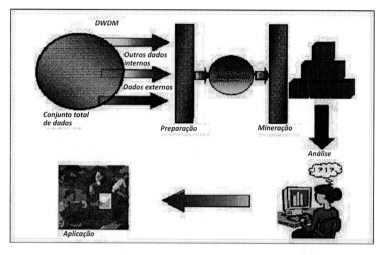

VISÃO GERAL DE UM PROCESSO DE DATA MINING

Estes modelos de garimpagem de dados podem ser usados de forma integrada, realizando análises em cascata, com operadores aplicados sobre resultados de outros. Depois de definido e testado o modelo, ocorre a fase de aplicação, que se dá pela utilização daqueles algoritmos ajustados em situações reais de sistemas. Alguns produtos permitem que seja produzido um código fonte, resultante dos modelos e algoritmos definidos e compilados, que poderá ser incorporado em sistemas tradicionais e invocado para a execução das análises requeridas.

Existem várias técnicas de Data Mining que podem ajudar as empresas a encontrar informações para fomentar a sua tomada de decisão. Outras técnicas como Análise de Conglomerados, Métodos Preditivos com Séries Temporais, Árvore de Decisão, Redes Neurais e Algoritmos Genéticos também são importantes. Essas três últimas são apresentadas a seguir. Resta aos especialistas identificarem a melhor técnica para o seu problema.

O poder das aplicações Data Mining aliado as analises visuais permite novas iniciativas de marketing focalizadas no relacionamento com o consumidor.

- Prospecção - Prioriza a abordagem junto a determinados clientes em potencial, com base nas experiências registradas com os clientes atuais.

- Aquisição - Ajuda no design de campanhas de marketing, considerando as melhores técnicas a serem adotadas junto a targets específicos.

- Cross-Selling - Identifica nos clientes atuais aqueles que seriam prospectos para uma outra linha de produtos ou para um upgrading.

- Expansão - Aponta dentro dos clientes atuais, aqueles com potencial para aumento de consumo, facilitando o design de campanhas promocionais para aumento de share interno.

- Retenção - Identifica e realça clientes abordados de maneira deficiente pelos concorrentes e desenha campanhas para atração e retenção dos mesmos.

EIS

O EIS (*Executive Information Systems*) é um sistema voltado a atender as necessidades dos altos executivos de uma empresa. Através dele, são obtidas informações gerenciais de forma rápida e simples. Em geral, o EIS é modelado para ser bastante amigável, uma vez que seus usuários são pessoas ocupadas e que não tem muito tempo. As informações devem ser organizadas de forma resumida porque as decisões desse nível administrativo não se atêm a detalhes, mas ao todo. A esse executivo, por exemplo, não interessa saber quantas canetas foram usadas na empresa durante um certo período, mas sim o valor total dessas despesas de material.

54 ✓ Decisões com B.I. (Business Intelligence)

O EIS pode ser construído tendo como base vários sistemas transacionais, mas o ideal é que o sistema acesse um Data Warehouse porque a busca é facilitada na medida em que é feita numa única base de dados. As principais características desse sistema são: podem ser customizados de acordo com o estilo de cada executivo; contém recursos gráficos que permitem às informações serem apresentadas graficamente de várias formas; são fáceis de usar e requerem pouco treinamento para tal; permitem o acesso rápido e fácil a informações detalhadas.

Além disso, o usuário também pode alterar o nível de detalhamento das informações utilizando, para isso, uma ferramenta OLAP. Por exemplo: partindo de um relatório que contém todas as informações sobre as vendas realizadas em 2007 em todos os escritórios da empresa instalados no estado de São Paulo, um diretor poderá analisar as vendas realizadas em cada cidade do estado.

Os conceitos de EIS e SAD são muitas vezes confundidos. Apesar de estarem relacionados, o EIS e o SAD tratam de problemas diferenciados, e tipicamente, atendem a "públicos-alvo" diferentes.

Um EIS é projetado especificamente para o uso pelos executivos, sendo que a maioria das aplicações disponíveis é do tipo *display-only*, podendo-se consultar e imprimir sem permitir a manipulação de dados. Além disso, um EIS permite a visualização de exceções por meio de vários níveis de detalhe (*drill-down*). Por outro lado, um SAD é tipicamente projetado para o nível intermediário de gerência. Os ingredientes básicos de tais sistemas incluem dados e modelos que descrevem o relacionamento dos dados (exemplo: rendimento = receitas - despesas).

Comparativos Sistemas Tradicionais versus EIS:

Sistemas Tradicionais	EIS
Muita informação e muito atraso.	Sistema direcionado e disponibilidade imediata.
Eficiente para dados resumidos e consolidados.	Eficiente para analise de tendências e exceções.
Pouco efetivos para decisões prioritárias.	Dados direcionados aos fatores críticos de sucesso.
Grande volume de papel com pouca contribuição para a atividade dos executivos.	Facilidade para ação gerencial e tomada de decisão.

Soluções de *Front End*

O amadurecimento do conceito e da tecnologia de BI possibilitou o desenvolvimento de uma série de produtos. As ferramentas de *front end* voltadas para os usuários finais de diferentes áreas da empresa, ficaram mais amigáveis e fáceis de usar. Algumas, inclusive trazem *templates* (programas prontos e padronizados para uso) que incorporam as melhores práticas de determinados segmentos (financeiro, marketing, vendas, produção etc.) e de determinadas verticais de mercado (manufatura, varejo, finanças, *utilities* etc.) e podem ser utilizadas pelos profissionais dos setores operacionais e não apenas pelos diretores e gerentes.

Essas soluções possibilitam, por exemplo, que esses profissionais tenham diferentes visões de uma informação, sem precisar do auxílio do pessoal de TI para isso, o que agiliza a geração de relatórios e as análises. Esta seria uma das razões do crescimento mundial do número de licenças de produtos de BI vendidas.

Os fornecedores, inclusive, já disponibilizam *queries* (consultas) prontas para que as empresas não precisem partir do zero para utilizá-las. Na avaliação de alguns consultores, utilizar ferramentas de BI para questões operacionais, no entanto, é subutilizar essas soluções e geralmente isso ocorre para sanar alguma deficiência no lado transacional.

56 ✓ Decisões com B.I. (Business Intelligence)

As ferramentas de BI, segundo defendem os consultores, devem ser empregadas para funções mais nobres e complexas, voltadas para a análise e para a tomada de decisão.

Toda a empresa pode se beneficiar com o uso das diferentes soluções de BI, mas em geral as áreas que iniciam projetos e o uso efetivo das ferramentas são as de finanças, marketing e de vendas. Não existe um modelo padrão que se adapta a toda e qualquer empresa. Cada caso é um caso. Há diversas formas de se armazenar e trabalhar as informações. Até mesmo uma simples planilha Excel pode ser considerada como uma ferramenta de BI, na medida em que permite fazer análises e comparações.

OLAP: A funcionalidade de uma ferramenta OLAP é caracterizada pela análise multidimensional dinâmica dos dados, apoiando o usuário final nas suas atividades. Elas permitem uma série de visões, tais como as consultas *ad-hoc*, que segundo define Bill Inmon, são consultas com acesso casual único e os dados são tratados segundo parâmetros nunca antes utilizados. Isso significa que o próprio usuário gera as consultas de acordo com suas necessidades de cruzamento de dados e de uma forma diferente da usual, com emprego de métodos que o levam a obter as respostas desejadas.

Outra técnica possibilitada pelo OLAP é a *slice-and-dice* que permite analisar as informações sob diferentes prismas. O *Drill Down/Up* consiste em fazer uma exploração em diferentes níveis de detalhe das informações. Com essa técnica, o usuário pode "subir ou descer" dentro do detalhamento do dado, como, por exemplo, analisar uma informação tanto diariamente quanto anualmente, partindo da mesma base de dados. No que se refere à geração de *queries* (consultas) no OLAP, ela se dá de uma maneira simples, amigável e transparente para o usuário final, o qual precisa ter um conhecimento mínimo de informática para obter as informações que deseja.

Antes do desenvolvimento da tecnologia OLAP, as empresas tinham que utilizar outras ferramentas menos amigáveis para conseguir gerar relatórios em que a dificuldade era a de procurar os dados que estavam em vários arquivos. Dessa forma, se o objetivo era construir um relatório para avaliar quais eram os clientes mais rentáveis num determinado semestre, por exemplo, eram necessários dois trabalhos:

CAPÍTULO 4 – Ferramentas de B.I. ✓ 57

primeiro encontrar os dados e depois construir o relatório no formato desejado, o que consumia tempo.

O panorama melhorou com o surgimento dos Sistemas Gerenciadores de Banco de Dados (SGBD) que foram evoluindo junto com as linguagens de programação, facilitando a vida dos analistas de sistemas. Com isso, os dados eram acessados de forma mais simples, mas os usuários comuns (gerentes, diretores, e profissionais da área de marketing, vendas etc.) ainda dependiam de um técnico de informática para poder gerar relatórios. Com o surgimento das ferramentas OLAP, o cenário foi modificado na medida em que estas permitiam o acesso fácil aos dados pelos usuários finais. A análise das informações passou a ser dinâmica, rápida, e o próprio usuário podia fazer a consulta que desejasse, sem depender de um técnico ou de um analista de sistemas para isso.

O termo "OLAP" foi citado pela primeira vez em um artigo escrito em 1992 por E.F.Codd. Neste artigo Codd definiu doze regras que caracterizam uma ferramenta OLAP. A tabela a seguir cita estas doze regras.

Características das Ferramentas OLAP
1. Visão conceitual multidimensional.
2. Transparência.
3. Acessibilidade.
4. Informações de performance consistente.
5. Arquitetura cliente-servidor.
6. Dimensionalidade genérica.
7. Manipulação de matrizes dinamicamente.
8. Suporte a multi-usuários.
9. Operações ilimitadas em referências cruzadas.
10. Manipulação de dados intuitivamente.
11. Consultas flexíveis.
12. Níveis de dimensões e agregações ilimitadas.

58 ✓ Decisões com B.I. (Business Intelligence)

"OLAP é considerado uma categoria de software que permite a analistas, gerentes e executivos obterem respostas dentro dos dados, através de uma rápida, consistente e interativa forma de acesso a uma ampla variedade de possíveis visões". As ferramentas de OLAP permitem que o negócio de uma empresa possa ser visualizado e manipulado de forma multidimensional, isto é, agrupando as informações em várias dimensões como: produtos, fornecedores, departamentos, localizações, clientes, recursos etc.

A criação de tabelas cruzadas, explosão de informações e as criações de dimensões estão entre as funções mais tradicionais das ferramentas OLAP. As ferramentas OLAP trabalham de modo interativo, permitindo que a partir de uma resposta o usuário faça outros questionamentos, ou seja, o usuário consegue analisar o porquê dos resultados obtidos. A interação do usuário final com o DW, utilizando as ferramentas de OLAP, se dá através de questionamentos, como por exemplo:

> • *Qual o total das vendas de casacos de lã, nos trimestres do ano de 2007, nas lojas da região sul do país?*
>
> • *Qual foi o lucro líquido que os dez maiores clientes no estado do RS geraram durante o primeiro semestre de 2007?*
>
> • *Quais são as dez cidades do Brasil proporcionaram maior lucratividade por habitante em 2007?*
>
> • *Quais são os dez produtos que proporcionaram menor lucro durante os meses de dezembro de 2006, janeiro de 2007 e fevereiro de 2007?*

As respostas a estas questões são baseadas em fatos históricos que vão mostrar uma tendência de comportamento das variáveis selecionadas. A partir destas respostas é possível formular outras questões até que o nível de informação desejada seja atendido. Respondendo rapidamente a estas perguntas é que a empresa vai conquistar um diferencial positivo em relação à concorrência, tendo condições de criar ações rápidas para sua área de atuação.

CAPÍTULO 4 – Ferramentas de B.I. ✓ 59

Existem alguns termos relacionados à arquitetura OLAP e eles estão proliferando com muita rapidez. **ROLAP, HOLAP, MOLAP** e **DOLAP** são exemplos disso. A seguir tentaremos esclarecer essas siglas.

Estas nomenclaturas são, na verdade, algumas variações de estrutura OLAP.

A tecnologia em questão surgiu com a evolução dos sistemas de informação. Esses sistemas armazenavam grandes quantidades de dados, mas a recuperação dos mesmos tornava-se um grande empecilho. Assim, para que conseguíssemos construir o relatório dos clientes mais rentáveis no semestre para o gerente de vendas, tínhamos dois grandes trabalhos: Primeiro encontrar os dados, e depois codificar para construir o relatório no formato desejado.

Os SGBD's evoluíram significativamente junto com as linguagens de programação, o que facilitou um pouco a vida dos analistas e projetistas de sistemas.

As "montanhas de dados" já eram acessadas de uma maneira um pouco mais simples, mas ainda longe do ideal, visto que os usuários ainda dependiam de um técnico de informática para ter acesso a qualquer relatório que não havia sido previsto no levantamento do sistema.

Na década de 90 introduziu-se uma nova classe de ferramentas no mercado, que foi batizada de OLAP (*On Line Analitical Processing*), que permitia "acesso rápido" aos dados, conjugado com funcionalidades de análise multidimensional dos mesmos pelos usuários finais.

A rapidez exigida tinha de ser satisfatória. A análise deveria ser dinâmica, simples – o usuário poderia fazer a consulta que quisesse, sem depender de um técnico – e multidimensional compartilhada.

A análise multidimensional é uma das grandes utilidades da tecnologia OLAP, consistindo em ver determinados cubos de informações de diferentes ângulos e de vários níveis de agregação.

Os "cubos" são massas de dados que retornam das consultas feitas ao banco de dados e que podem ser manipulados e visualizados por inúmeros ângulos e por diferentes níveis de agregação.

60 ✓ Decisões com B.I. (Business Intelligence)

As ferramentas que disparam uma instrução SQL de um cliente qualquer para o servidor e recebem o micro-cubo de informações de volta para ser analisado na *workstation* chamam-se DOLAP (*Desktop On Line Analytical Processing*).

Os ganhos com essa arquitetura são o pouco tráfego que se dá na rede, visto que todo o processamento OLAP acontece na máquina cliente, e a maior agilidade de análise, além do servidor de banco de dados não ficar sobrecarregado, sem incorrer em problemas de escalabilidade.

A desvantagem é que o tamanho do micro-cubo não pode ser muito grande, caso contrário, a análise passa a ser demorada.

As ferramentas ROLAP (*Relational On Line Analytical Processing*) possuem uma engenharia de acesso aos dados e análise OLAP com uma arquitetura um pouco diferente. Nesse caso, a consulta é enviada ao servidor de banco de dados relacional e processada no mesmo, mantendo o cubo no servidor.

O que podemos notar nesse caso é que o processamento OLAP se dará somente no servidor. A principal vantagem dessa arquitetura é que ela permite analisar enormes volumes de dados, em contra partida, uma grande quantidade de usuários acessando simultaneamente poderá causar sérios problemas de performance no servidor causando, inclusive o travamento do mesmo.

A arquitetura MOLAP (*Multidimensional On Line Analytical Processing*) processa-se da seguinte forma: Com um servidor multidimensional, o acesso aos dados ocorre diretamente no banco, ou seja, o usuário trabalha, monta e manipula os dados do cubo diretamente no servidor. Isso traz grandes benefícios aos usuários no que diz respeito à performance, mas tem problemas com escalibilidade, além de ter um custo alto para aquisição.

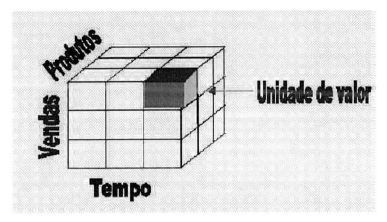

EXEMPLO GRÁFICO DE UM OLAP

A arquitetura denominada HOLAP (*Hybrid On Line Analytical Processing*), ou simplesmente processamento híbrido, consiste em nova forma de acessar os dados que nada mais é do que uma mistura de tecnologias na qual há uma combinação entre ROLAP e MOLAP. A vantagem é que com a mistura de tecnologias pode-se extrair o que há de melhor de cada uma, ou seja, a alta performance do MOLAP com a escalibilidade melhor do ROLAP.

Atualmente, todas as ferramentas com arquitetura OLAP já estão portadas para web. Nada do que diz respeito à Business Intelligence e à distribuição de informação pode ser concebido sem pensar na web. A facilidade em distribuir as informações, a flexibilidade e agilidade são muito grandes.

A seguir descrevemos mais alguns termos utilizados na arquitetura OLAP.

• **Consultas *ad-hoc*:** Isso tudo nada mais é do que o próprio usuário gerar consultas de acordo com suas necessidades de cruzar as informações de uma forma não vista e com métodos que o levem a encontrar aquilo que procura.

62 ✓ Decisões com B.I. (Business Intelligence)

- **Slice-and-Dice/Pivot table:** Essa característica das ferramentas OLAP é de extrema importância. Com ela nós podemos analisar nossas informações de diferentes prismas limitados somente pela nossa imaginação. Utilizando esta tecnologia conseguimos ver a informação sobre ângulos que anteriormente inexistiam sem a confecção de um DW e a utilização de uma ferramenta OLAP.

- **Drill Down/Up:** Consiste em fazer uma exploração em diferentes níveis de detalhe das informações. Com o *Drill Down* você pode "subir ou descer" dentro do detalhamento do dado, como, por exemplo, analisar uma informação tanto diariamente quanto anualmente, partindo da mesma base de dados.

- **Geração de *Queries*:** A geração de *queries* no OLAP se dá de uma maneira simples, amigável e transparente para o usuário final, que precisa apenas ter um conhecimento mínimo de informática para obter as informações que deseja.

Cada uma destas tecnologias e técnicas tem seu lugar no mercado de DSS (*Decision Support System*) e apóia diferentes tipos de análises.

Vale lembrar que as exigências do usuário devem ditar que tipo de arquitetura irá atendê-lo melhor. Como sempre, a arquitetura deve estar bem desenhada para que isso aconteça da melhor forma possível.

Ferramentas de Back End

Mais sofisticadas e complexas, as ferramentas de *back end* (retaguarda) também estão evoluindo e aos poucos começam a entrar no mundo operacional. Esses sistemas, também chamados de ETL (Extração, Transformação e Limpeza) são fundamentais para preparar os dados que serão armazenados no DW.

Embora atualmente já existam produtos que facilitam esse trabalho, este ainda é um processo trabalhoso, detalhado e complexo, e que requer expertise para ser executado de forma adequada e correta.

CAPÍTULO 4 – Ferramentas de B.I. ✓ 63

As ferramentas de *back end* possibilitam cinco operações principais. A primeira delas refere-se à extração dos dados que podem estar em fontes internas (sistemas transacionais, bancos de dados etc) ou externas (em sistemas fora da empresa). Em seguida, é preciso fazer a limpeza e transformação dos dados. Nessa etapa são corrigidas algumas imperfeições contidas na base de dados transacional com objetivo de fornecer ao usuário dados concisos, não redundantes e com qualidade, permitindo uma análise baseada nos valores mais próximos dos reais.

A terceira operação refere-se ao processo de transformação do dado. Normalmente, os dados vêm de vários sistemas diferentes e por isso se faz necessário padronizar os diferentes formatos em um só. A quarta etapa diz respeito ao processo de carga do DW que em geral é feita a partir de um banco de dados temporário, no qual os dados armazenados já passaram pela limpeza e integração. E, finalmente, há a etapa de atualização dos dados (*Refresh*). Sabe-se que a todo o momento são feitas alterações na base de dados transacional. Essas atualizações devem ser passadas para o DW, mas de forma organizada.

A etapa de ETL é uma das mais críticas de um projeto de DW. As ferramentas utilizadas para esse fim podem ser desenvolvidas pela própria empresa ou adquiridas dos fornecedores, dependendo do projeto.

É uma das fases mais criticas de um Data Warehouse, pois envolve a fase de movimentação dos dados.

A mesma se dá basicamente em três passos: **extração, transformação e carga dos dados**, estes são os mais trabalhosos, embora tenhamos várias ferramentas que nos auxiliam na execução desse trabalho.

ETL: A seguir são identificados os passos necessários para a implantação do ETL:

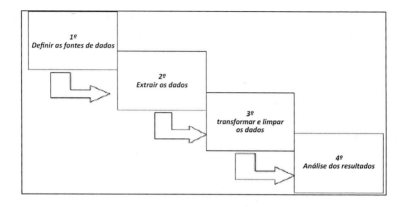

Quando obtemos os dados de uma fonte, os mesmos possuem muitas informações incoerentes, há muita inconsistência. Numa hipótese, quando um vendedor executa uma venda, a preocupação dele é somente vender, não se importando com a qualidade dos dados. Então, se por acaso o cliente não tiver o número do CPF a mão, ele cadastra um número qualquer, desde que o sistema aceite, um dos mais utilizados é o 999999999-99. Agora imagine se um diretor desta empresa onde o vendedor trabalha consultar o seu Data Warehouse (DW) para ver quais são os seus maiores clientes e aparecer em primeiro lugar o cliente que tem o CPF 999999999-99? Por isso, nessa fase do DW, verificamos a compatibilidade e consistência entre os dados.

Além da limpeza, temos de fazer uma transformação, pois os dados provêm de vários sistemas, e, por isso, geralmente uma mesma informação tem diferentes formatos. Por exemplo: em alguns sistemas, a informação sobre o sexo do cliente pode estar armazenada no seguinte formato: "M" para Masculino e "F" para Feminino, porém em algum outro sistema está guardado como "H" para Masculino e "M" para Feminino e assim sucessivamente.

Quando levamos esses dados para o DW, deve-se ter uma padronização deles, ou seja, quando o usuário for consultar o DW, ele não pode ver informações iguais em formatos diferentes. Então, quando fazemos o processo de ETL, transformamos esses dados e deixamos num formato uniforme sugerido pelo próprio usuário. No DW, teremos somente M e F, fato esse que facilitará a análise dos dados que serão recuperados pela ferramenta OLAP.

Como o volume de dados é muito grande, há muitos casos que não temos condições de processar as extrações e transformações na janela de tempo em que o DW não está sendo usado, então temos de fazer uso do que chamamos de *staging area* para conseguirmos executar os processos com sucesso.

A seguir são apresentados alguns dos fatores que devem ser analisados antes de começar a fase de extração dos dados:

- A extração de dados do ambiente operacional para o ambiente de Data Warehouse demanda uma mudança na tecnologia. Os dados são transferidos de bancos de dados hierárquicos para uma nova estrutura de SGBD relacional para Data Warehouse;

- A seleção de dados do ambiente operacional pode ser muito complexa, pois muitas vezes é necessário selecionar vários campos de um sistema transacional para compor um único campo no Data Warehouse;

- Outro fator que deve ser levado em conta é que dificilmente há o modelo de dados dos sistemas antigos, e, se existem, não estão documentados;

- Os dados são reformatados. Por exemplo: um campo data do sistema operacional do tipo DD/MM/AAAA pode ser passado para o outro sistema do tipo ano e mês como AAAA/MM;

- Quando há vários arquivos de entrada, a escolha das chaves deverá ser feita antes que os arquivos sejam intercalados. Isso significa que, se diferentes estruturas de chaves são usadas nos diferentes arquivos de entrada, então, opta-se por apenas uma dessas estruturas;

- Os arquivos devem ser gerados obedecendo a mesma ordem das colunas estipuladas no ambiente de Data Warehouse;

- Pode haver vários resultados. Dados podem ser produzidos em diferentes níveis de resumo pelo mesmo programa de geração das cargas;

- Valores default devem ser fornecidos. Às vezes pode existir um campo no Data Warehouse que não possui fonte de dados, então a solução é definir um valor padrão para estes campos.

O Data Warehouse espelha as informações históricas necessárias, enquanto o ambiente operacional focaliza as informações pontuais correntes.

Apesar de existirem ferramentas de ETL ainda tem-se a necessidade de criar rotinas de carga para atender determinadas situações que poderão ocorrer.

O que vale dizer é que uma ferramenta de ETL tem grande valia, principalmente se os sistemas OLTP (transacionais) são muitos, pois elas são uma poderosa fonte de geração de metadados, e que contribuirão muito para a produtividade da sua equipe. Em alguns casos, é importante o auxílio de profissionais externos para a escolha. O fato verdadeiro é que os benefícios serão bastante vistosos e a produtividade aumentará consideravelmente.

DSS

Os *Decision Support Systems* (Sistemas de Apoio à Decisão), surgiram a partir dos sistemas transacionais existentes nas empresas. São soluções que auxiliam no processo decisório, utilizando modelos para resolver problemas não estruturados. Inicialmente é necessário definir quais dados, gerados nos sistemas transacionais, serão armazenados no Data Warehouse, para depois partir para a modelagem dimensional e a criação física do modelo, no qual as especificidades do Sistema Gerenciador de Banco de Dados (SGBD) e da ferramenta OLAP escolhidos serão consideradas para otimizar as consultas futuras.

O passo seguinte é carregar os dados no DW, definindo as origens dos dados (identificação dos sistemas legados onde foram gerados, o que facilita a sua localização), e depois são feitas as rotinas de extração de dados, que podem ser desenvolvidas por programadores em qualquer linguagem de programação. Concluída essa etapa, deve ser feita a checagem da consistência dos dados. Qualquer erro nos dados poderá determinar o fracasso da análise futura.

Outros elementos importantes são a confecção e o armazenamento dos metadados (dados de controle do DW, responsáveis pelos mapeamentos dos dados de cada etapa de implementação do DSS). As ferramentas OLAP são, então, utilizadas para visualizar e analisar os dados.

Os Sistemas de Apoio à Decisão são aparentemente simples, mas exigem um profundo conhecimento técnico e de negócios para serem elaborados e utilizados com sucesso.

ÁRVORE DE DECISÃO

A árvore de decisão é uma técnica que, a partir de uma massa de dados (Data Mart ou Data Warehouse), cria e organiza regras de classificação e decisão em formato de diagrama de árvores, que irão classificar suas observações ou predizer resultados futuros.

 Se seus dados estiverem divididos em classes dicotômicas, por exemplo, infectados contra não-infectados, uma árvore de decisão pode ser construída para criar regras que classifiquem casos já existentes ou casos novos, com precisão.

Começa com um único grupo que reúne todos os casos em estudo. Na medida em que a árvore vai se expandindo, esta base é dividida em módulos que representam categorias das variáveis analisadas. Cada galho da árvore é formado por esses nódulos que vão se abrindo em subgrupos mutuamente exclusivos.

Cada nódulo e cada galho apresentam uma proporção de obtenção da resposta em estudo.

Redes Neurais

As redes neurais são uma tecnologia cada vez mais usada em Data Mining.

Sua grande vantagem está basicamente em sua habilidade de aprendizagem a partir das experiências, não ficando restritas a uma ordem seqüencial pré-fixada. Elas consistem em algoritmos e procedimentos computacionais que imitam a capacidade de aprendizagem do cérebro. Esta técnica é formada de nódulos cujo processamento se assemelha ao dos neurônios, daí seu nome. Não é considerada uma técnica estatística por não apresentar a robustez de uma.

Não oferece estimadores definidos e o comportamento de uma rede neural, com certa massa de dados, nem sempre se repetirá com outra.

Os nódulos são conectados como uma rede e funcionam paralelamente. A primeira fase de nódulos é composta pelos nódulos de entrada. Eles recebem o imput das variáveis fornecidas pelo banco de dados, transformam-no de acordo com uma função (chamada função de ativação), produzindo informação de saída que será enviada à próxima fase de nódulos. Esta, por sua vez, receberá diversas informações dos nódulos de entrada como seu input. Esta fase é formada pelos nódulos ocultos, que, em redes neurais mais complexas, podem formar diversas camadas. Por fim, tem-se os nódulos de saída. Estes processam as informações recebidas e produzem uma resposta, mas não a enviam para outro nódulo, pois já é o resultado final da rede. Se a rede é de classificação, o nódulo de saída já é o final. Para o caso de modelos de previsão, o nódulo de saída já representa um valor preditivo.

É importante salientar que não existe uma técnica universalmente melhor que todas. O sucesso do Data Mining depende muito da experiência e sensibilidade do pesquisador, o qual terá que identificar qual a melhor ferramenta a ser utilizada, de acordo com o tipo de resposta procurada e com o modo em que se encontram seus dados. Por isso, os exemplos de aplicações dos métodos relacionados neste trabalho podem se repetir. A técnica de redes neurais pode ser aplicada em Data Mining para resolver problemas relacionados a:

- Marketing;

- Modelos Preditivos;

- Vendas;

- Finanças;

- Energia e;

- Produção.

GERADORES DE CONSULTAS E DE RELATÓRIOS

Os geradores de consultas e relatórios são considerados a primeira geração de ferramentas para o acesso a dados, as quais permitem a realização de consultas *ad-hoc*.

Ao contrário de ter que aprender uma linguagem de consulta, tal como SQL, os usuários utilizam menus e botões para especificar os elementos de dados, condições, critérios de agrupamentos e outros atributos, através de operações simples e facilitadas pelo ambiente gráfico.

Consulta e relatórios normalmente disponibilizam informações do tipo médias, totalizações, desvios padrão e outras funções básicas de análise.

70 ✓ Decisões com B.I. (Business Intelligence)

Data Warehouse X Data Mart X Operational Data Store

• **Data Warehouse Corporativo**. É uma base de dados central projetada tendo a empresa toda como escopo.

• **Data Mart**. Neste caso o escopo do projeto da base é mais limitado, por exemplo, um Data Mart para as vendas em uma determinada região ou uma linha de produtos da empresa. Data Warehouse setorial.

• **Operational Data Store (ODS)**. De uma maneira resumida, é uma re-organização das bases de dados operacionais visando o aprimoramento de decisões operacionais (táticas).

Na tabela a seguir é apresentada uma comparação das características dos diferentes tipos de Data Warehouse.

	Data Warehouse	Data Mart	Operational Data Store
Escopo	Empresa	Setores da empresa	Empresa
Integração	Sim	Sim	Sim
Váriavel no Tempo	Sim	Sim	Não
Agregação	Sim	Sim	Não
Análise	Estratégica	Estratégica	Tática
Dados Voláteis	Não	Não	Sim

CAPÍTULO 7

A INFLUÊNCIA DO FATOR HUMANO

CAPÍTULO 5 – A Influência do Fator Humano ✓ 73

Business Intelligence®, infelizmente, ainda não é algo tão comum dentro das empresas. Assim, os modelos de gestão ainda não estão consolidados para que a empresa possa maximizar a eficiência, extraindo o máximo de conclusões úteis para o negócio através da análise das informações.

As empresas são organizadas tendo como parâmetro de consideração seus processos, forma de gestão e necessidades do setor em que estão inseridas. Contudo, é comum que cada setor/departamento da empresa seja responsável pela geração, consolidação e análise das informações que são de responsabilidade da sua atividade.

Uma empresa com esta configuração, normalmente é incapaz de utilizar, da melhor forma, as informações para maximizar sua competitividade e permanência no setor.

Sob este prisma, surgem alguns questionamentos. Entre eles:

> *"Quem deve ser o verdadeiro responsável pela e análise e gerência das informações?"*

Como a tecnologia esta ligada ao Business Intelligence®, em muitos casos, é comum eleger a área de TI (Tecnologia da Informação) como a responsável; ou então, áreas com maior "visão empresarial" como Administração, Marketing, Controladoria, Auditoria etc., para exercer tal atividade.

Ambas as estratégias descritas anteriormente estão fadadas ao fracasso! Por um lado, a área de TI pode possuir as qualificações técnicas para gestão da informação, no entanto, dificilmente possui uma visão abrangente do negócio e das atividades de cada área da empresa. De outra forma, qualquer outra área, além de geralmente não possuir qualificações técnicas para o uso avançado dos sistemas de tecnologia da informação e ferramentas de tratamento de dados, também podem possuir uma visão restrita das operações empresariais.

74 ✓ Decisões com B.I. (Business Intelligence)

Independente da nomenclatura da área, ou mesmo da criação de uma área exclusiva para exercer esta função, é essencial que os recursos humanos que a compõe possuam tanto a qualificação técnica para operar e gerenciar as informações quanto noções teóricas de todas as áreas administrativas (recursos humanos, marketing, logística, financeiro etc.) e inteligência competitiva.

Assim, quando os conhecimentos técnicos e teóricos descritos anteriormente estão apoiados nos processos e necessidades particulares de cada setor da empresa, o gerenciamento das informações irá dar suporte às decisões estratégicas, táticas e operacionais de forma precisa e útil.

Com o amadurecimento das formas de pensar e analisar o mercado, o Business Intelligence® passa a ter maior presença nas empresas. Isso ocorre devido ao seu elevado poder em utilizar os dados vindos de sistemas transacionais e organizá-los de forma rápida, precisa e objetiva para o tomador de decisões.

Também é de nosso conhecimento que os softwares evoluem em um ritmo acelerado, tornando-se verdadeiros instrumentos que oportunizam soluções efetivas para o processo analítico. Os softwares de BI têm o potencial de causar uma revolução nos padrões analíticos da empresas.

Isso porque existe um componente fundamental para que tais sistemas tragam os benefícios que se propõem. Uma variável que, se utilizada corretamente, pode promover a utilização de tal tipo de software em sua plenitude, visando utilizar os dados disponíveis de maneira otimizada. Trata-se do fator humano.

Segundo Davenport, existem dois componentes essenciais para cultivar a Inteligência Analítica dentro das organizações: **tecnologia** e **pessoas**.

O primeiro fator diz respeito, segundo o autor, a "recursos representados por tecnologia e pelos dados e como eles podem ser combinados em uma arquitetura analítica geral". Atualmente é tecnicamente viável coletar e armazenar enormes quantidades de dados, e uma arquitetura eficaz de Business Intelligence permite a organização dessas informações, promovendo aplicação das ferramentas que discutimos no capítulo 4.

CAPÍTULO 5 – A Influência do Fator Humano ✓ 75

O segundo fator é tão ou mais importante quanto a tecnologia e muito menos abordado. Ainda segundo Davenport, é preciso considerar "o fator mais importante para desenvolver uma empresa analítica: as pessoas". É o ingrediente fundamental que faz com que a inteligência analítica funcione. "...Os aspectos humanos e organizacionais da liderança analítica é que são os elementos verdadeiramente diferenciadores".

Isso porque os softwares de BI não são elementos "mágicos" que, simplesmente a partir de um investimento, irão incrementar as tomadas de decisões da organização. É necessário muito mais do que saber utilizar o software. Muito mais do que se especializar em suas funcionalidades. De nada adiantará uma organização dispor de um sistema com funções extraordinárias se as decisões continuarem a serem tomadas com base no empirismo característico de seu gestor. O resultado não será válido se não existir uma cultura interna de exigir evidências para a tomada de decisões.

Seus benefícios não serão visíveis se a empresa não dispuser de uma estrutura organizacional analítica séria e responsável a disposição dos gestores.

Davenport sugere que esta estrutura organizacional seja composta pelos seguintes grupos:

- **Líderes analíticos** (executivos seniores orientados a decisões baseadas em evidências) – é essencial que a Alta Direção, responsável pelas decisões da organização, esteja comprometida e tenha a cultura de decidir com base em análises quantitativas. Estes profissionais devem valorizar as conclusões analíticas, tornando-se entusiásticos do processo decisório baseado em fatos. Não é este o pessoal especialista em análise propriamente dita, mas sim especialista em tomada de decisões baseadas nas análises. Estes profissionais valorizam as ferramentas e métodos analíticos e estão sempre dispostos a agir sobre os resultados.

76 ✓ Decisões com B.I. (Business Intelligence)

- **Os profissionais analíticos** – a organização precisa dispor de conhecimento e competência instalada para executar as análises provenientes dos softwares de BI. Uma funcionalidade de rede neural, por exemplo, disponível em alguns softwares de BI, só será utilizada por profissionais conhecedores e especialistas em rede neural. Modelagens regressivas só serão aplicadas por especialistas em estatística, com conhecimentos dos pressupostos básicos de uma regressão. São profissionais dedicados à gestão da aplicação do conhecimento oriundo dos dados disponíveis, os verdadeiros gestores da inteligência analítica.

- **Os amadores analíticos** – profissionais com alguma formação analítica, muitas vezes limitada, mas que precisam trabalhar em processos de negócios altamente baseados em inteligência analítica. O cerne da questão, neste ponto, é que as organizações precisam elevar o nível de habilidades analíticas dos colaboradores em um processo de real mudança de cultura. Alguns profissionais necessitam, com a utilização de softwares de BI, utilizar algumas ferramentas diariamente, de maneira rotineira, lidando com análises na linha de frente com o cliente (na maioria das vezes observando e acompanhando alguns processos analíticos). Neste cenário, a automatização das decisões rotineiras por intermédio de aplicativos computacionais pode ser utilizada.

Muitos discordam da necessidade da categoria de profissionais analíticos, argumentando que, com o atual nível de desenvolvimento de software estatístico disponível, até os amadores conseguem fazer o trabalho. Concordamos com o fato de que amadores capazes são necessários. Entretanto, nos estágios mais avançados de inteligência analítica, um conhecimento amplo e profundo de métodos estatísticos especializados se faz necessário.

O fato é que o mercado carece de profissionais analíticos, com a competência e especialização necessárias para aplicar modelos quantitativos de maneira sistemática e pró-ativa. As organizações, nesta linha, acabam não detendo o capital intelectual necessário para que análises complexas possam transformar números em conhecimento, dados em decisões, informações em inovações.

Davenport sugere para este cenário algumas possíveis soluções para tentar resolver esta lacuna de profissionalização da análise. A primeira delas é a conscientização das organizações de que investimentos tão ou mais pesados do que em tecnologia precisam ser feitos em desenvolvimento de conhecimento técnico.

Em segundo lugar, sugere que este corpo de analistas seja centralizado em alguma extensão. Se cada departamento tiver o seu pequeno grupo de analistas, dificilmente a inteligência analítica terá proporções corporativas. É impraticável ter as habilidades necessárias para análises mais profundas distribuídas em toda a organização. A maioria delas precisará de grupos centralizados que possam executar análises mais sofisticadas e desenvolver experimentos detalhados.

Como mais uma sugestão, este grupo centralizado de especialistas em gestão deve ter um relacionamento próximo e de confiança com os líderes analíticos. Bom relacionamento com o setor de Tecnologia da Informação também é essencial. Deve ser organizado por meio de uma política clara de priorizações, alinhado ao comitê estratégico e com autonomia para desenvolver os projetos necessários.

Com última sugestão relevante, Davenport defende que "com a escassez de profissionais analíticos especializados, (...) muitas empresas estão começando a pensar na possibilidade de terceirizar este pessoal..." Isso é o que as empresas chamam de "terceirização de processos de conhecimento" em áreas analíticas.

INICIANDO UM PROJETO EM B.I.

Os sistemas de gestão empresarial, ERP's, CRMs (gerenciamento do relacionamento com o cliente) e o *Supply Chain* (gerenciamento da cadeia de valor), são fontes de dados. Mas, para que todos estes dados tornem-se um diferencial para a empresa é preciso transformá-los em informação.

Significa que, mais importante do que ter e disponibilizar dos dados, torna-se necessário saber compreendê-los, armazená-los em base única e disponibilizá-los de forma acessível à empresa.

É neste contexto que cresce o interesse pelo Business Intelligence®.

• *Como iniciar um plano ou projeto de BI?*

• *Toda empresa, independente de porte e ramo de atuação, deve investir nesse sentido?*

• *Quais softwares e soluções devem ser adquiridos e/ou implantados?*

• *Quais setores da empresa devem ser envolvidos nessa tarefa?*

Essas e outras questões são relativamente difíceis de responder porque não existe uma fórmula única e mágica que sirva para todos os tipos de empresa.

O atual nível de competitividade exige que todas as empresas consigam responder rapidamente e acertadamente às solicitações do mundo dos negócios.

Neste sentido, todas as empresas deveriam contar com instrumentos que as auxiliassem a identificar tendências do mercado e os hábitos dos consumidores, para fazer previsões e traçar planos de ação no menor tempo possível. Este, em suma, é o verdadeiro sentido do BI dentro das empresas.

No entanto, existem alguns fatores que devem ser considerados antes de se partir para adoção e implementação de ferramentas de BI.

Primeiramente é necessário identificar as reais necessidades da empresa, especialmente as das áreas de faturamento/vendas e marketing e, após, o setor/departamento financeiro, que costuma ser o patrocinador mais forte das iniciativas de BI.

82 ✓ Decisões com B.I. (Business Intelligence)

Deve ficar claro que apesar desses projetos envolverem o uso de ferramentas e soluções de Tecnologia da Informação (TI), é importante entender que BI é um projeto de negócios aplicado para a empresa num contexto geral.

É de fundamental importância integrar todos os sistemas utilizados, antes de se iniciar a implantação de um projeto de BI, considerando os dados vindos de diversas fontes.

Embora muitas empresas ainda considerem o planejamento como uma "perda de tempo" que não leva a resultados efetivos, a realidade tem comprovado justamente o inverso. Saber planejar é fundamental para evitar gastos desnecessários em recursos, tecnologia e em tempo dos profissionais para implementá-los.

Existem, basicamente, dois tipos de planejamento que são importantes, eles estão intimamente relacionados um com o outro e poderiam ser úteis para a definição e execução bem sucedida de um projeto de BI. São eles:

Planejamento Estratégico Corporativo (PEC)

e

Planejamento Estratégico da Informação (PEI).

O Planejamento Estratégico Corporativo enfatiza as oportunidades, os riscos, os pontos fortes e fracos da empresa, tanto em relação ao seu ambiente interno como ao externo. É através desse procedimento que são traçadas as principais metas e as estratégias para alcançá-las. Feito isso, poderão ser utilizadas metodologias específicas para fornecer os indicadores de desempenho.

O Planejamento Estratégico da Informação (PEI) deverá ficar a cargo da área de administração de dados. O setor de Tecnologia da Informação, nesse caso, atuará apenas como um provedor de serviços e soluções.

CAPÍTULO 6 – Iniciando um Projeto em B.I. ✓ 83

Ainda há um "patrocinador" do projeto, que deve ser um profissional com passe livre em todas as áreas da empresa, inclusive na alta gerência, e que saiba tudo o que ocorre dentro da corporação. Ele deve ter uma visão clara do negócio, conhecer o mercado de atuação da empresa e saber traduzir todos esses requisitos para o pessoal da área de informática.

O Planejamento Estratégico da Informação deve estar alinhado ao Planejamento Estratégico Corporativo. Seu desenvolvimento requer o emprego de uma metodologia flexível para que possa suportar possíveis mudanças de rumo ou correções, sem perder seu foco principal. Esta metodologia compreende quatro etapas principais. A primeira delas visa realizar um levantamento genérico e básico sobre a empresa e sobre a cultura da empresa em termos de sistemas.

O passo seguinte é fazer um levantamento e análise dos sistemas existentes, verificando seu desempenho, funções exercidas, volumes de dados gerados, entre outras questões.

É nessa fase que são avaliados os sistemas de forma quantitativa e qualitativa.

Na terceira etapa, é feita a apuração e avaliação da qualidade dos dados existentes. E, finalmente, é desenvolvido um modelo global do sistema de informação vigente, salientando pontos fracos e fortes e identificando as oportunidades e ameaças existentes no ambiente de TI.

Com esse "raio X" da organização será possível verificar se haverá necessidade de remodelar os processos ou apenas fazer alguns ajustes para que os sistemas se enquadrem no projeto de BI.

As organizações que almejam alta competitividade no mercado não questionam a importância do BI. A grande questão que se colocam é por onde e como começar.

Os analistas de mercado têm uma resposta que pode parecer simplista, mas é verdadeira: "o tamanho do sapato deve ser do tamanho do pé." Em outros termos, empresas pequenas ou com pouca cultura tecnológica podem começar usando algumas ferramentas de análise mais simples, como o EIS e o DSS.

84 ✓ Decisões com B.I. (Business Intelligence)

O fundamental é entender que os dados precisam ser estruturados de forma diferente do que ocorre nos sistemas transacionais.

Por isso, que um dos principais pilares do BI é o Data Warehouse (DW). No DW há apenas a carga dos dados e a consulta. Não há atualizações. Os assuntos são armazenados em determinados pontos no tempo, o que permite uma análise histórica e comparativa dos fatos.

No entanto, o maior problema do Data Warehouse é a sua grande complexidade. Sua criação requer pessoas altamente especializadas, uma metodologia consistente, computadores, banco de dados, ferramentas de *front end*, ferramentas para extração e limpeza dos dados e treinamento dos usuários. É um processo complicado e demorado, que requer altos investimentos e que, se não for corretamente planejado e executado, pode trazer prejuízos enormes e se tornar um grande elefante branco dentro da organização.

Uma forma de minimizar os riscos seria começar com o desenvolvimento de Data Marts departamentais e, numa fase posterior, integrá-los transformando-os num Data Warehouse.

Em termos conceituais, pode-se afirmar que um Data Mart é um mini Data Warehouse que fornece suporte à decisão para um pequeno grupo de pessoas. O tempo de desenvolvimento e implementação, assim como os investimentos necessários, também são bem menores, em comparação ao DW.

As diferenças existentes entre um Data Mart e um Data Warehouse são apenas com relação ao tamanho do projeto e ao escopo da empresa. Portanto, as definições dos problemas e os requisitos dos dados são essencialmente os mesmos para ambos. No entanto, um Data Mart trata das questões departamentais ou locais ou de assuntos delimitados (de um departamento específico), enquanto um DW envolve as necessidades de toda a companhia de forma que o suporte à decisão atue em todos os níveis da organização.

Quando sua empresa pensar em implementar um programa de BI, deve buscar questões e as decisões decorrentes das mesmas, tais como:

CAPÍTULO 6 – Iniciando um Projeto em B.I. ✓ 85

- **Questões de balanceamento de metas** – Quais são as metas? Quais são de curto, médio e logo prazos?

- **Questões de base** – quais são as competências que minha empresa possui para atingir as metas definidas e quais são as que preciso criar, reforçar ou buscar no mercado?

- **Investimentos e riscos** – Quanto vai custar implantar o BI e quanto de retorno estimo ter?

- *Stakeholders* **(interessados)** – Determinar quem são os beneficiados direta e indiretamente, com a iniciativa de implantação, quem paga e de que forma é pago.

- **Métricas relacionadas** – Estes requerimentos de informações devem ser operacionalizadas com objetividade e definidos por parâmetros métricos.

- **Mensuração metodológica** – Os métodos utilizados para medir os requerimentos métricos devem ser claros a todos os fatores e pessoas medidos.

- **Avaliação dos resultados** – Os resultados devem ser analisados em todas as etapas, pois, mudanças e reavaliações durante o processo podem ser necessárias e benéficas.

A implantação de BI torna-se um diferencial competitivo quando sua empresa consegue criar modelos através das ferramentas de BI explicadas anteriormente para facilitar a busca de informações relevantes para a tomada de decisões que não seriam descobertas antes sem a utilização destes modelos.

Informações, a princípio desconectas, podem mostrar, no comportamento do cliente, fornecedor ou colaborador, um padrão que gera um resultado, nunca antes imaginado por determinada ótica.

86 ✓ Decisões com B.I. (Business Intelligence)

Esta informação pode levar a criação de um novo produto ou adequação deste, de forma a fazer a diferença entre sua empresa e a empresa concorrente.

Os cruzamentos de informações podem gerar dados que farão muita diferença. Pesquisas com concorrentes, clientes, fornecedores, podem trazer juntas uma nova visão do mercado e trazer a luz a questões nunca antes imaginadas.

BENEFÍCIOS NA APLICAÇÃO DO B.I.

CAPÍTULO 7 – Benefícios na Aplicação do B.I. ✓ 89

O BI deve estar em constante evolução, e esta deve estar sempre alinhada aos interesses da empresa e caminhar em direção ao alcance das metas estabelecidas. Pontos importantes na infra-estrutura tecnológica do processo de BI são a construção de um repositório específico de dados, como um Data Warehouse ou Data Mart, e a definição das ferramentas a serem utilizadas, tais como OLAP, ferramentas ETL e de carregamento de dados, de EIS, Data Mining, Query Reporting, entre outras.

Mas o fator fundamental é a empresa saber direcionar seu capital intelectual para que o projeto de BI atenda às expectativas.

Gerentes, diretores e profissionais de diferentes departamentos poderão ter acesso às informações rapidamente e abreviarão o tempo de resposta, contribuindo para a melhoria dos processos e para a correta análise dos dados. Assim a informação trará conhecimento.

Toda empresa que deseja obter vantagem competitiva, representada pela consistência e rapidez da informação para uso em decisões, deve perguntar: o que existe além do Business Intelligence®? Projetos de Data Warehouse colocam um mundo de dados estruturados nas mãos dos usuários finais. Data Marts possibilitam abordagens descentralizadas de uma arquitetura de Data Warehouse.

Projetos de Data Mining permitem descobertas inusitadas que podem fazer a diferença diante da concorrência. O BPM agiliza e automatiza tarefas na empresa fim-a-fim, e o BAM dá precisão e elimina gargalos em processos específicos de trabalho dento da empresa. Com todas as ferramentas disponíveis, a dinâmica do mercado e a sede por informações têm exigido muito mais daquilo que se convencionou chamar de Business Intelligence.

É necessário organizar e publicar informações para unificar a visão da empresa por meio de acesso fácil, conectando pessoas com as informações e as pessoas entre si, abrindo espaço para a implementação eficaz de modelos de gestão tais como Inteligência Competitiva, Gestão do Conhecimento e *Balanced Scorecard*.

Paralelamente, o passo a passo da arquitetura incremental dá forma tecnológica aos projetos de Business Intelligence® de modo a facilitar e propiciar à empresa interessada a absorção da tecnologia de forma gradual.

90 ✓ Decisões com B.I. (Business Intelligence)

Segundo o Grupo Gartner, os usuários de BI estão menos preocupados com a tecnologia de base, que une todos os processos, do que deveriam estar. Mas quem não estabelece uma infra-estrutura de base correta, não obterá a flexibilidade e a extensão necessária para que as soluções estejam disponíveis para os diferentes níveis dentro da corporação. O conceito básico de implementação de BI remete ao desenvolvimento de um Data Warehouse corporativo, integrado a cada Data Mart destinado a atender segmentos específicos da empresa.

Pode ser de outra forma, desde que cumprido o objetivo de capacitar todas as fases e necessidades de Business Intelligence®: da extração de dados e da validação da sua qualidade. O importante é que as ferramentas a serem utilizadas nas diversas fases do projeto tenham a maior aderência possível ao negócio da empresa, bem como ao estágio em que ela se encontra em relação ao ambiente de dados, perfis de usuários e cultura empresarial. É preciso determinar quais produtos serão utilizados porque não existe nenhuma solução que satisfaça plenamente a todas as necessidades.

Assim, o projeto atingirá o objetivo de permitir à empresa selecionar e preparar dados para realizar o tratamento necessário, de tal forma que esses dados sejam disponibilizados como informação consistente para apoio a decisões. E uma empresa que tem disponível, em tempo real, a informação consistente, possui vantagem competitiva no mercado.

Para a implementação efetiva de uma solução de BI a condição essencial, segundo defende a maioria dos analistas de mercado, é a de existir um repositório único de dados que seja sólido e confiável. Consultores e especialistas em BI viram a necessidade de conquistar maior visibilidade sobre as informações que suportam o processo de tomada de decisões, em todos os níveis da corporação, ou seja: viram a necessidade de implementação de um Data Warehouse, o qual unifica a visão, capacitando a tomada de decisões com base em informações mais precisas e que toda a empresa pode enxergar. Importante lembrar que um Data Warehouse deve vir ao encontro de uma necessidade de negócio da empresa. E sua implementação depende de ações políticas e técnicas. No campo político, está o suporte da alta direção e o comprometimento dos gerentes e analistas de negócios.

Bill Inmon, considerado pai do Data Warehouse, inclui-se no rol dos que defendem a visão de banco de dados unificado, mas é enfático em afirmar que se trata de uma tarefa muito difícil, por envolver diversos fatores de grande complexidade, como tecnologias e conceitos administrativos. Por isso deve-se investigar a existência de elementos necessários para o suporte à implementação, incluindo dados, tecnologia, funcionalidade, suporte e infra-estrutura imediatos. Este passo é necessário para proteger o negócio da empresa de uma tentativa de implementar uma solução para a qual ela não está preparada.

É relativamente fácil pegar os dados dos sistemas transacionais (operacionais) e simplesmente copiá-los em um Data Mart ou no DW. Porém, se os dados não forem trabalhados antes do processo de carga, podem trazer problemas sérios, como a geração de análises e interpretações incorretas. Pode-se dizer que o processo de limpeza e transformação dos dados que serão carregados num DW é voltado para corrigir algumas imperfeições contidas na base de dados transacional.

Também deve se ter em mente que muitos dados advêm de fontes desconhecidas da empresa e que podem estar inconsistentes ou ultrapassados. Por exemplo, um vendedor de uma empresa de cartão de crédito, ao contatar um cliente interessado no seu produto, mas que naquele momento não dispunha do número do RG, para não perder a venda cadastra essa pessoa e no campo do RG digita um número qualquer.

Uma consulta posterior ao sistema, que leva em conta o número do RG dos clientes, nesse caso trará, no mínimo, uma informação estranha, como um RG 999999-9. Por isso a fase de limpeza contempla corrigir ou completar os dados que faltam. O processo de limpeza não estará completo sem que se possa livrar os dados que, por algum motivo, passaram desapercebidos nos sistemas de origem, tais como códigos inválidos e preenchimento de vários campos com valores incompatíveis entre si.

Também é importante que haja organização dos dados. As empresas que optam pelo desenvolvimento de Data Marts departamentais em geral correm o risco de terem os mesmos dados replicados em todos eles. O problema é que as corporações passam por mudanças constantes, assim como mudam os sistemas aplicativos que suportam as operações. E essas mudanças requerem modificações em um ou mais Data

92 ✓ Decisões com B.I. (Business Intelligence)

Marts cujos dados estão estruturados como a corporação. Por isso a melhor prática é clara: desenvolver um único Data Mart ou DW que contenha todos os elementos de dados requeridos pela corporação ou pelos departamentos, de forma que esse repositório seja útil tanto para propósitos locais quanto para o nível corporativo.

De um modo geral, Business Intelligence® permite à empresa selecionar e organizar dados para realizar o tratamento necessário, de tal forma que esses dados sejam disponibilizados como informação consistente no apoio a decisões. O mundo dos negócios traz a necessidade de se buscar, com determinação, novas ações capazes de manter índices de competitividade.

Diversas empresas investiram milhões em equipamento e tecnologia, esquecendo da gestão do conhecimento e do capital humano. Com o advento do Business Intelligence®, a gestão de pessoas passou a ser um ponto importante na engrenagem de um projeto de implementação tecnológico ou estratégico porque é por meio das pessoas e da informação que a empresa adquire uma visão corporativa mais consistente.

O homem apóia ou interfere. É preciso preparar a cultura interna da empresa para atualização dos sistemas, delegar a tomada de decisão a todos os níveis, alinhar as decisões às estratégias corporativas, para só então implementar os meios para tomadas de decisão. Ou seja, primeiro o homem e seu pensamento, depois a tecnologia. Por isso, implementar realiza-se primeiro nas áreas de negócios com auxílio das áreas de tecnologia.

Ralph Kimball, um dos principais nomes de BI da atualidade, quando lista recomendações para o sucesso do Data Warehouse, coloca em primeiro lugar que se encontre pessoas na organização que realmente possam tomar decisões e que tenham uma equipe de pessoas trabalhando para reunir propostas e iniciativas de novos negócios. É a confirmação do conceito da tríade que compõe a gestão do conhecimento para o sucesso de um empreendimento empresarial: pessoas, tecnologia e processos de negócios.

É pelo resultado financeiro e pelo aumento da eficiência dos profissionais que se verifica se um sistema de BI está sendo bem empregado. Na medida em que as pessoas estão utilizando a informação para tomar decisões, e essas decisões resultam em vantagem, irão clamar por mais inteligência e pedir modificações, adições e refinamento da informação obtida por meio de implementações de ferramentas e sistemas de BI.

Grande parte dos casos de implementação de BI sofre resistências das equipes internas que não acreditam no sucesso do projeto.

A pergunta básica que leva ao questionamento daqueles que relutam deveria ser:

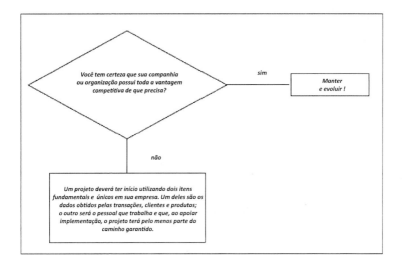

94 ✓ Decisões com B.I. (Business Intelligence)

Alguns benefícios podem ser alcançados com o sucesso da implantação do BI, dentre eles, apresento alguns abaixo:

- Redução de custos com softwares;

- Redução de custos com administração e suporte;

- Redução de custos na avaliação de projetos;

- Redução de custos com treinamentos aos colaboradores;

- ROI (Retorno sobre investimento) mais rápido para projetos implantados com BI;

- Maior controle e menos dados incorretos;

- Maior segurança da Informação;

- Alinhamento de informações estratégicas e operacionais;

- Facilidade de controle de acesso e definição de níveis de gerencia;

- Melhor alinhamento dos usuários corporativos;

- Rapidez na informação para tomada de decisões estratégicas;

- Informação consistente em vários locais dispersos;

- Vantagem competitiva.

"Informação é conhecimento e conhecimento é poder". Ser o primeiro é uma vantagem competitiva!

Saber quais os objetivos a curto, médio e longo prazo de sua empresa é uma necessidade!

DIFICULDADES NA IMPLANTAÇÃO DO B.I.

Ter a informação correta no menor tempo possível é hoje o grande diferencial para as empresas que querem se manter na dianteira no mundo dos negócios.

É o que lhes permite tomar decisões eficazes, corrigir rumos, adequar-se às oscilações econômicas e antecipar-se às necessidades dos seus clientes. Com base nisso, renomados institutos de pesquisa e analistas de mercado apostam na proliferação de projetos de BI nos próximos anos. Apesar de existir a necessidade e o interesse da parte do setor corporativo, no entanto, esse segmento não está decolando conforme o previsto. Qual é a razão disso?

Infelizmente são muitas e diversificadas. A mais importante delas refere-se ao temor do fracasso. Os estudos revelam que mais da metade dos projetos de BI não são concluídos, ou fracassam, consumindo milhões sem trazer os resultados esperados. Isso acontece por uma seqüência de erros, a começar pelo desconhecimento do que de fato é BI.

Grande parte das empresas ainda considera o BI como mais um projeto de tecnologia da informação e não como um conceito atrelado à estratégia corporativa, que pode ou não utilizar ferramentas tecnológicas, e que tem como principal foco transformar os dados, coletados pelos sistemas transacionais, em informações, as quais auxiliam na tomada de decisão.

Em parte, os fornecedores de soluções têm uma certa culpa por essa desinformação do mercado. Na ânsia de vender produtos, muitos desenvolvedores de ferramentas de extração e de análise de dados tentaram empacotar essas soluções e oferecê-las nos moldes dos sistemas de gestão empresarial.

O BI, então, passou a ser "vendido" como a terceira onda tecnológica, precedida pelas duas ondas anteriores - ERP e CRM.

A adoção de um sistema ERP requer uma mudança de cultura interna da organização. No Brasil, muitas empresas ainda estão finalizando implementações do tipo e, além disso, tiveram projetos de CRM mal sucedidos e, assim, mostram-se mais cautelosas no que se refere a investimentos em novos projetos que envolvam tecnologia.

98 ✓ Decisões com B.I. (Business Intelligence)

Porém, os conceitos de BI, ao contrário do ERP, não modificam a forma de trabalhar da empresa de forma tão radical, mas se adéquam a ela e estão intimamente atrelados à estratégia de negócios.

Portanto, o planejamento e o foco de implementação devem ser outros. A confusão é ainda maior porque até alguns anos atrás o setor/depto de TI não era visto como parte da estratégia da empresa, mas apenas como uma forma de automatizar os processos e aumentar a produtividade.

Com o aperfeiçoamento dos sistemas, que ficaram mais amigáveis e mais próximos aos usuários finais, e com o crescimento da Internet e conseqüentemente do *e-business*, a TI passou a ser encarada como uma ferramenta fundamental para apoiar e dar sustentação às estratégias de negócios.

BI deve ser entendido como qualquer atividade voltada à extração e análise de dados para **facilitar** e **agilizar** a tomada de decisão. Pode-se fazer isso apenas com pessoas e nenhuma tecnologia, como já faziam há centenas de anos os fenícios, egípcios e várias civilizações do Oriente. Por exemplo, quando um médico analisa o prontuário de um paciente, está fazendo BI, na medida em que suas ações e decisões serão tomadas com base na análise dos dados colhidos. De acordo com os resultados dos exames feitos, esse médico saberá se o paciente deve ser operado, ou quais remédios deverão ser prescritos.

No mundo corporativo é óbvio que a tecnologia veio a facilitar todo o trabalho de extração, filtragem, limpeza, armazenagem, disponibilidade e personalização dos dados, contribuindo também para reduzir o tempo para execução dessas e demais tarefas. O problema é que as empresas já estavam acostumadas a tomar decisões e a lidar com grande quantidade de dados muito antes das ferramentas de BI serem desenvolvidas. Por isso, o esforço de se implementar um projeto é justamente o de inserir ferramentas e soluções sobre o que já existe.

Os usuários finais também precisam ser treinados e capacitados para saberem lidar com as novas ferramentas. Eles devem deixar de ser meros preparadores de dados para passarem a ser analistas das informações. Dessa forma, terão maiores e melhores condições de analisar as informações e agir com base nelas.

CAPÍTULO 8 – Dificuldades na Implantação do B.I. ✓ 99

Para garantir o alinhamento com a estratégia da empresa, é importante que a área de negócios trabalhe em conjunto com a equipe de TI, para que esta consiga definir a infra-estrutura tecnológica adequada.

Alguns projetos falham devido à adoção de hardware e software errados. Isso pode ocorrer quando são avaliadas apenas as características funcionais das ferramentas de BI escolhidas. Também podem ocorrer problemas quando se deixa de considerar a experiência do fornecedor da ferramenta ou solução em administrar e dar suporte a projetos complexos.

Alguns profissionais responsáveis pela condução dos projetos de BI nas suas empresas também podem errar quando baseiam suas análises exclusivamente na comparação entre os produtos disponíveis no mercado. A falta de um estudo mais profundo e qualificado, que privilegie também a qualidade dos serviços de implementação, pode ocasionar vários problemas, como atrasos no cronograma e aumento dos custos.

O cuidado com o tratamento dos dados é outro elemento fundamental para que o projeto de BI não resulte num grande fracasso.

Inevitavelmente, quando se fala em BI não há como se deixar de considerar a importância do Data Warehouse e as dificuldades inerentes à sua implementação. O desenvolvimento desse tipo de repositório de dados é extremamente trabalhoso, caro e requer profissionais altamente qualificados. O fracasso ou sucesso de um DW pode ser determinado logo no seu nascimento. O momento mais crucial do processo é a escolha das ferramentas, bancos de dados, consultorias, seleção dos profissionais que farão parte da equipe do projeto, a definição do escopo e do gestor do projeto.

Deve ficar claro que um DW não é produto de prateleira. Ele deve ser visto como um processo complexo composto por vários itens como metodologias, equipamentos, sistemas, bancos de dados, ferramentas de extração e limpeza dos dados, metadados, refinamento dos dados, recursos humanos, entre outros. Cada um desses elementos tem um peso substancial e qualquer falha pode transformar um projeto de milhões de dólares num retumbante fracasso e, ao invés de solucionar problemas e agilizar a tomada de decisão, se tornar um pesadelo do qual não se consegue acordar.

100 ✓ Decisões com B.I. (Business Intelligence)

Erros simples podem ser fatais na fase de elaboração e desenvolvimento de um projeto de DW, resultando na construção de um amontoado de dados estáticos e inúteis.

Outra etapa bastante crítica de um projeto de DW é a de ETL (Extração, Tratamento e Limpeza dos dados), pois se uma informação é carregada de forma equivocada trará conseqüências imprevisíveis nas fases posteriores.

Outro ponto fundamental é saber alinhar o projeto de BI ao de *Knowledge Management* (gestão do conhecimento). O conhecimento organizacional existe não só em dados e documentos, mas também em práticas e processos. O Business Intelligence® é entendido como a transformação dos dados brutos em informação e, depois, em conhecimento.

É um contínuo que facilita a extração da informação útil a partir dos dados empresariais e, por isso mesmo, é um componente chave dos sistemas de gestão do conhecimento.

O BI é um alimentador do KM e não pode estar dissociado dessa lógica. O ideal é que a corporação preveja isso quando fizer o desenho da arquitetura de seus sistemas, mesmo se a sua implementação efetiva for retardada em algum tempo.

Por último, a implantação de um projeto de BI não é barato. As empresas precisarão investir em consultoria, hardware e software.

B.I. COMO FERRAMENTA

CAPÍTULO 9 – B.I. como Ferramenta ✓ 103

Nunca a prática do genuíno BI pelas empresas foi tão importante como em nossos dias. Contudo, entre as empresas que já praticam alguma forma de BI a constatação é que grande parte delas só "arranham" o potencial oferecido pelo verdadeiro Business Intelligence®.

Distante ainda da adoção generalizada do Business Intelligence® pelas companhias e diante da primeira constatação, a conclusão primeira é a de que temos muito a fazer nesta área em benefício daqueles que esperam transformar o BI em um meio efetivo de conhecer seu negócio e melhorar suas decisões e forças competitivas por conseqüência.

Para piorar, na contramão deste esforço estratégico, existem várias limitações e armadilhas que, não consideradas e tratadas, podem anular, ofuscar ou mesmo inibir as iniciativas de BI.

Refletindo sobre a relação de BI com a estratégia, não restam dúvidas que, quanto mais analíticos forem seus colaboradores, mais competitiva se tornará a companhia. Não por ter as melhores ferramentas, mas sim por fazer o melhor o uso das informações que estas soluções proporcionam, isto sim, pode tornar uma empresa mais inteligente e competitiva.

Mas se isto é uma verdade, por que muitas das iniciativas de BI não se estendem e se dedicam a tornar as pessoas mais analíticas?

Você já se perguntou:

> • *"Quanto minha empresa é analítica?"*
>
> • *"Quanto minha empresa está se esforçando para se tornar mais analítica?"*

Como esperamos fazer BI bem feito sem compreender o processo de tomada de decisões em nossas empresas?

Se você deseja projetar uma solução campeã de BI, você precisará conhecer como ocorrem os processos decisórios entre seus clientes (usuários) internos. Como eles decidem? Onde as decisões custam mais caro? Onde e por quem as decisões mais importantes são tomadas? Onde os riscos são maiores para a organização? O que de fato os ajuda a tomar as melhores decisões? Que decisões são importantes para os

104 ✓ Decisões com B.I. (Business Intelligence)

envolvidos no desenvolvimento de novos produtos? Além dos esforços que tento ampliar à boa prática de BI, existem também vários pontos falhos no BI tradicional, cabendo aos responsáveis identificá-los e solucioná-los na organização.

Na grande maioria das pequenas e médias empresas em nosso país, os processos de planejamento estratégico são incompletos, irregulares, informais e pouco sofisticados. Por isso, complicam ainda mais o início de uma gestão voltada a informações e resultados, controlada e orientada para o mercado e para uma ativa iniciação de mudança. E que, além disso, possa utilizar a inteligência de negócios, chamada de Business Intelligence® (BI), para proporcionar ganhos nos processos decisórios gerenciais e da alta administração.

A importância aplicada do planejamento estratégico trará benefícios significativos a essas empresas, pois, desse modo, elas serão capazes de oferecer com eficácia serviços e produtos personalizados para seus clientes. Com isso, poderão prosperar em um mercado cada vez mais dinâmico e competitivo, por definir melhor seu posicionamento através da análise de itens como a concorrência, os compradores e fornecedores, os sinais do mercado, os movimentos competitivos, o mapeamento de grupos estratégicos e o cenário em que atuam.

O desenvolvimento de uma estratégia é o desenvolvimento de uma "fórmula" ampla que norteará o modo como uma empresa irá competir, quais serão suas metas a curto, médio e longo prazo, e quais serão as políticas necessárias para o cumprimento destas metas.

O cenário atual exige que, além do planejamento estratégico, as pequenas e médias empresas tenham também capacidade de resposta imediata e que detenham um processo de tomada de decisões rápido, objetivo e eficaz. Para tanto, a informação precisa estar disponível para as pessoas certas, no formato esperado, no momento e local desejados. Dentro deste contexto, a informação representa um recurso de alto teor estratégico, que necessita ser maximizado como gerador de diferenciais e vantagens competitivas.

De um lado, algumas pequenas e médias empresas buscam soluções tecnológicas com os melhores custos/benefícios que podem encontrar e, por esta razão, acabam deixando de lado os altos investimentos e esforços necessários para a iniciativa de uma estratégia voltada à inteligência de negócios, utilizando modernas técnicas e softwares para análise de padrões e gestão da informação. Podemos até dizer que os altos custos com projeto de BI impedem que pequenas e médias empresas adotem esta solução no seu dia-a-dia.

No entanto, a grande maioria de pequenas e médias empresas ainda não tem uma infra-estrutura ideal para a implantação de projetos de BI, uma vez que muitas informações estão armazenadas de forma desestruturada, em planilhas ou arquivos textos. Também é muito comum a falta de procedimentos e processos que facilitam a gestão de um negócio e que viabilizam a programação de sistemas de informação para apoio operacional às rotinas de trabalho.

Portanto, a importância do BI no planejamento estratégico começa a ser sentida a partir do momento em que as pequenas e as médias empresas adotam uma postura de trabalho mais voltada à gestão da informação, que entende que somente com a informação íntegra e confiável é possível criar estratégias que atendam melhor seus clientes e que coloquem a empresa em um patamar de competitividade mais lucrativo.

INTEGRANDO B.I.
A OUTRAS TECNOLOGIAS

Antes de analisarmos sobre a integração do BI com outras tecnologias, é de fundamental importância conhecermos algumas das tecnologias que podem sofrer esta importante integração.

O ERP (*Enterprise Resource Planning*), cuja tradução ao pé da letra é planejamento dos recursos empresariais, surgiu no começo da década de 70 inicialmente como uma evolução natural das técnicas de MRP e MRPII (*Material Requeriment Planning*) usadas pelas empresas do setor industrial para o planejamento da produção e controle de materiais.

Aos poucos esses conceitos passaram a ser empregados também para o controle administrativo e dos demais departamentos das corporações, surgindo novos módulos e funcionalidades que foram incorporados ao sistema e que resultou no ERP.

ERP´s são sistemas totalmente integrados. Quando uma informação é inserida neste tipo de sistema, ela é replicada em todas as instâncias (módulos). Assim, quando se dá entrada em uma nota fiscal, por exemplo, o sistema gera automaticamente um registro no módulo financeiro, incrementa o estoque do determinado produto que está na NF, faz o lançamento contábil, além de outros incrementos que podem ocorrer. Diferente dos Sistemas Administrativos, uma das características principais do ERP é que o mesmo está, de certa forma, "aberto" para customizações pelos usuários administradores. Isso quer dizer que é possível, em sistemas ERP, criar novos campos, tabelas, telas, relatórios, formas de integrações entre os módulos etc.

110 ✓ Decisões com B.I. (Business Intelligence)

A outra onda tecnológica diz respeito ao CRM (*Customer Relationship Management*), gerenciamento do relacionamento com o cliente.

Assim como os sistemas de ERP, o CRM requer a mudança de cultura interna da organização e não se limita apenas ao emprego de tecnologia, mas também e, principalmente, de uma nova filosofia de negócios em que o centro deixa de ser o produto ou serviço oferecido para se focar no cliente.

Para isso é necessário o emprego de soluções para suportar o lado operacional e também de ferramentas analíticas. Os pacotes de CRM disponíveis no mercado já contemplam essas duas partes – o operacional e o analítico -, mas as ferramentas tradicionais de BI também podem e devem ser adotadas para complementar a estratégia.

O *database marketing* e o data mining estão entre as ferramentas que mais se afinam com os propósitos da filosofia de CRM na medida em que possibilitam análises diferenciadas sobre a base de dados dos clientes. O argumento imbatível da indústria de software de BI é a necessidade de se criar um banco de dados que possa armazenar todas as interações que os clientes fazem com a empresa, por meio de todos os canais de contato (telefone, e-mail, internet, correio, loja física etc).

Através das ferramentas de BI pode-se ler esses dados de diferentes formas, verificando, por exemplo:

• *Quais são os clientes mais rentáveis?*

• *Quais estão mais propensos a adquirir certos produtos ou serviços?*

• *Quais geram maior valor ao longo do tempo?*

Inegavelmente, o BI é o alicerce para diferentes tipos de análises, como as de risco, de detecção de fraudes, giro de estoque, tráfego na rede, tendências, rentabilidade e uma série de outras. Nesse sentido, cada vez mais as ferramentas de Business Intelligence® estão atreladas a todas as iniciativas de TI, sendo complementos indispensáveis para os sistemas ERP e CRM, principalmente.

A Internet e o e-business também foram considerados pelos fornecedores de BI. A partir de 2001 eles redesenharam suas arquiteturas para plataformas baseadas na web e introduziram funcionalidades para possibilitar o tráfego de relatórios pela rede, acesso às análises via browser e uma série de alterações mais complexas de forma a permitir a interação com diferentes bancos de dados, ambientes operacionais distintos, plataformas e dispositivos de comunicação fixos e móveis.

Aspectos como segurança, incluindo níveis de acesso e perfis de distribuição de informações, suporte a balanceamento de carga, melhor aproveitamento dos recursos de disponibilidade dos servidores de aplicações e melhorias no suporte a XML, dotNET e Java, entre outras mudanças, também foram incluídos nas soluções.

CRM analítico e BI, de certa forma, se confundem na definição, mas tornam-se sinônimos na prática. A gestão operacional de relacionamento com clientes, quando bem feita, se torna a base para diversas iniciativas em tecnologia da informação.

Não importa o porte ou o setor de atuação, empresas do comércio – varejista ou atacadista – indústrias, companhias financeiras, de serviços, ou de bens de consumo, entre outras estão descobrindo no casamento entre as ferramentas de CRM e Business Intelligence® (BI) a forma de mirar e acertar o cliente mais lucrativo.

APLICANDO B.I.
NOS SEGMENTOS

CAPÍTULO 11 – Aplicando B.I. nos Segmentos ✓ 115

A aplicação das soluções de BI em diferentes verticais de mercado traz resultados significativos e compensadores.

Empresas do setor financeiro, por exemplo, rapidamente selecionam seus "melhores clientes" para um tratamento diferenciado.

No setor de telecomunicações, operadoras ampliam o potencial de suas ERBs (Estações Rádio-Base) a partir de informações de clientes que antes não podiam ser atendidos.

Com base no comportamento dos consumidores, uma loja de varejo pode selecionar quais produtos funcionam melhor em forma de venda casada. Enfim, transformar dados em informações e obter lucros, não é mais novidade. No entanto as empresas devem ser claras nas suas metas e se manter firmes aos objetivos para que um projeto de BI atinja o seu intento.

A inteligência distribuiu-se a todos que precisam de informações. Profissionais que mantêm contato direto com clientes, fornecedores ou parceiros agora podem e devem tomar decisões baseadas nos dados disponíveis, já transformados em informação consistente, eliminando a hierarquia e a conseqüente morosidade que caracterizava o processo decisório do passado recente.

Funcionários e gerentes das diversas áreas podem fazer consultas ao banco de dados de sua empresa e gerar relatórios, sem precisar entender muita coisa de programação ou de informática.

As aplicações de Business Intelligence® ampliam as proporções de sua eficiência na medida em que o mercado exige rapidez e diferencial competitivo e se expande por vários setores. Elas estão presentes nas áreas de análise de crédito e de risco de empresas do setor financeiro; nas de controle de fraudes de empresas de seguros; nas áreas de marketing e vendas, para segmentação de mercado e oferta de novos produtos, seja para bancos, supermercados, magazines, e empresas de diferentes ramos de atividade.

O mercado vive um bom momento da tecnologia da informação e BI é utilizado em estratégias diferenciadas. Enquanto a taxa de crescimento no número de licenças de soluções de tecnologia da informação em 2003 se mantém no mesmo patamar à registrada no ano anterior, a tendência

116 ✓ Decisões com B.I. (Business Intelligence)

é haver um interesse maior pelo uso do BI em várias frentes do negócio. Este fato amplia as perspectivas para os fornecedores de produtos e, inclusive, para os desenvolvedores de sistema de gestão, que aprimoram as funcionalidades de análises do negócio nos pacotes de ERP.

A expectativa para o mercado de software de BI aponta para um crescimento anual de 11 % ao longo dos próximos quatro anos, levando o setor a movimentar cerca de 2,6 bilhões de dólares em 2008.

No entanto, muitos analistas acreditam que os usuários ainda não estão aproveitando todos os benefícios gerados pelas ferramentas de inteligência de negócios, devido, principalmente, a um foco extremado na tecnologia, em detrimento das práticas, processos e mudanças culturais.

Muitas empresas ainda se encontram no estágio de obtenção e aglomeração de dados, possibilitados pelos sistemas de gestão integrada, e precisam implementar ferramentas para extração e análise de forma a extrair de suas bases informações relevantes. Por isso o setor corporativo está atento e mais receptivo às novas opções de Business Intelligence®. No que depender das intenções dos CIOs brasileiros, em 2004 o Business Intelligence® deixou de ser um mero conceito abstrato e passou a ter real impacto na gestão corporativa.

Para 60% dos executivos, BI tem grande potencial de crescimento durante o ano; 30% afirmam que as soluções têm algum potencial e 10% não estão preocupados com isso. A constatação de que os projetos de BI ainda não foram consolidados fica mais evidente quando se contrapõe a estes o interesse das empresas por soluções de relacionamento com clientes (*costumer relationship management*, ou CRM), para as quais apenas 19% dos executivos dedicaram mais atenção ao longo deste ano.

De forma geral, em todos os segmentos da economia verifica-se bastante interesse na tecnologia de Business Intelligence® e nos benefícios propiciados para as equipes internas das corporações, especialmente para as áreas de vendas, contabilidade, marketing e operações que, em conjunto ou separadamente, precisam de ferramentas voltadas a facilitar e agilizar os processos decisórios. Isso requer tecnologia adequada, de uso amigável e um investimento coerente.

CAPÍTULO 11 – Aplicando B.I. nos Segmentos ✓ 117

Os fornecedores de soluções de BI marcaram presença nos projetos de grandes empresas nos últimos 15 anos. Mas, atualmente, também as empresas de porte pequeno e médio passam a aderir à tecnologia e todas buscam aplicabilidade por meio de *templates* e programas amigáveis para que a informação chegue facilmente às mãos de empregados, de seus superiores e de todos que possam tomar uma decisão e fechar negócios de forma mais eficiente, melhorar vendas e serviços e implementar esforços de marketing.

O BI permite encontrar respostas para questões de diferentes setores da empresa. O departamento financeiro, por exemplo, precisa e pode saber se as despesas estão crescendo na mesma velocidade que a receita, ou quais os cinco produtos que mais contribuem no faturamento. O operacional encontra com facilidade os 10 melhores fornecedores e vê como se relacionam com a empresa. A área de vendas usa o conhecimento sobre o comportamento de compra dos clientes por região e por produto para estabelecer estratégias. E o marketing dá uma força extra dentro de uma campanha de marketing direto, enviando mensagens de venda a clientes que desejam comprar.

Entre os benefícios que o BI traz especificamente para o departamento comercial podemos incluir a melhora do prognóstico de vendas, uma visibilidade contábil mais abrangente, integração entre orçamento e análise, uma melhor compreensão da segmentação do mercado, uma reação planejada em razão de choques econômicos, maior flexibilidade e integração de relatórios financeiros, melhoria nas decisões de distribuição de produtos. Um número cada vez maior de empresas começa a se dar conta de que não pode mais se dar ao luxo de aguardar três semanas após o encerramento contábil para descobrir como está se saindo no mercado.

As possibilidades de BI aplicado à área comercial são variadas e podem começar com o uso de uma ferramenta simples como uma planilha eletrônica que permite organização e visualização fácil de dados, relacionar gráficos, analisar, criar e distribuir informação.

O BI pode trazer uma rica visualização e uma capacidade analítica para identificar rumos e mostrar novas oportunidades. É possível, com o emprego da ferramenta adequada, estabelecer projeções de vendas pela revisão dos dados históricos comparando-os aos números de ven-

118 ✓ Decisões com B.I. (Business Intelligence)

das já obtidos. Tantas possibilidades para o setor permitem realizar consultas sobre quem são os representantes de vendas de maior atuação, quem são os melhores consumidores por produto ou região e como andam as vendas se comparadas às estratégias do mercado.

Todas as empresas buscam os melhores caminhos para segmentar, pesquisar e escolher seus *prospects* e clientes de forma a realizar uma campanha de marketing dirigida. O marketing de massa cada vez mais cede o lugar para o marketing *one to one*.

A ABEMD (Associação Brasileira de Marketing Direto) enumera 31 erros mais freqüentes que as empresas cometem em relação ao envio de mala direta. Direcioná-la ao público-alvo errado é um deles. A mala direta é, antes de tudo, uma mensagem de venda que permite tocar precisamente o seu público-alvo, seja ele um cidadão comum ou uma empresa. Através do data base marketing, a visão referente a quem essa mensagem será efetivamente dirigida e a quem ela irá chegar é muito mais clara, mais planejada e de alcance mais eficiente.

O crescimento constante do marketing direto no Brasil movimentou cerca de R$ 1,4 bilhão em 2001 e aumentou para R$ 1,8 bilhão no ano subseqüente, o que resultou num maior número de empresas que se utilizam de bases de dados sólidas e confiáveis, permitindo otimizar o comércio eletrônico (*business-to-business* (B2B) e *business-to-consumer* (B2C)) através das campanhas de marketing direto. Profissionais da área afirmam que diálogo e informação será a nova ordem. Isso representa o início de uma reviravolta maior em Marketing.

A tecnologia da informação modificou a produção, mudou a forma de se trabalhar no escritório e agora está mudando o Marketing.

Nas instituições bancárias, por exemplo, o database marketing permite realizar ações personalizadas, avaliação de riscos e de oportunidades futuras, verificando o perfil de investimento de cada cliente e sua propensão à inadimplência, entre outras informações. Dessa forma o banco pode passar a oferecer produtos mais adequados a públicos específicos. Uma das vantagens no setor é a de liberar 60% do tempo do executivo da conta, permitindo-lhe executar outras atividades que agregam valor ao negócio. O database marketing possibilita aos profissionais utilizar o tempo de forma mais eficiente e rentável.

O par perfeito da ferramenta de database marketing enquanto instrumento capaz de apontar o cliente mais lucrativo é, sem dúvida alguma, o e-mail marketing. Enquanto ela ajusta o tiro, ele imprime velocidade ao processo de abordagem – 100% maior em relação aos meios de comunicação convencionais e pelo menos 80% mais barato, segundo estudos da Abemd (Associação Brasileira de Marketing Direto). Bem verdade, no Brasil, os internautas ainda são pouco mais de 20 milhões, contados pelo Ibope/e-rating. Mas, nas ações de MD que visam o cliente altamente lucrativo, há muita chance de o alvo ser exatamente aquele com renda capaz de garantir o acesso à rede.

A área de finanças é outra das que mais se beneficia com o uso de soluções de análise de dados. Uma pesquisa realizada em 2002 com executivos da área financeira de 150 empresas norte-americanas relacionadas com varejo (incluindo magazines de roupas, revenda de peças para automóveis, produtos alimentícios, lojas de conveniência, entre outros) e com faturamento superior a US$ 150 milhões, verificou que apenas 34% não tinham qualquer sistema de Business Intelligence®. Pensar que os outros 66% fazem uso de BI é um número, por si só, bastante significativo. Se ainda considerarmos que 91% daqueles que possuem ferramentas de BI afirmaram que a gestão empresarial tornou-se, em razão disso, mais eficiente, pode-se verificar a importância de BI para finanças.

120 ✓ Decisões com B.I. (Business Intelligence)

Numa evolução natural da expansão de oferta de soluções, o setor bancário brasileiro é apontado pelo Gartner como um dos segmentos mais avançados do mundo e com uma boa infra-estrutura de TI. Por essa razão, as instituições financeiras devem apostar em soluções que permitam melhorar ainda mais a relação que possuem com o seu cliente. Os bancos cada vez mais buscam oferecer uma grande diversidade de serviços destinados a melhorar o relacionamento com o seu cliente, como a possibilidade de acesso à Internet, correio eletrônico e de comunicação instantânea. Quanto mais pontos de contato, maior o volume de informações obtidas e, consequentemente, maior é a necessidade de ferramentas que permitam trabalhar esses dados de forma rápida, segura e eficiente.

CAPÍTULO 12

E-BUSINESS

Até pouco tempo atrás empresas em todo o mundo passaram por uma grande mudança através da implantação de sistemas de Data Warehouse em suas companhias. O objetivo principal era a possibilidade de coleta de dados de forma organizada e estruturada, e, assim, buscaram armazenar o maior número de dados possíveis sobre seus clientes, o processo de venda etc.

Atualmente essas empresas já possuem armazenados em sua base de dados cerca de 3 a 4 terabytes de dados e muitas delas até hoje não conseguem tirar proveito adequado de todos esses dados acumulados. Por esse motivo, muitos afirmam que os resultados obtidos até agora não compensaram todo o esforço gasto para implantação do Data Warehouse.

O conceito e-business tem seu foco na implementação de regras de negócios via web (internet).

Ele vem evoluindo rapidamente e modificando muitos aspectos sociais e a forma como as empresas têm interagido com seu ambiente sistêmico, tanto no aspecto de comunicação com esse ambiente como no aspecto de aceleração de atividades e negócios.

Estamos vendo mudanças significativas, com o surgimento de várias formas de comércio e serviços, destacando-se:

- marketing eletrônico;
- home office;
- home banking;
- comércio eletrônico;
- suporte a clientes;
- serviços de entretenimento;
- educação virtual.

124 ✓ Decisões com B.I. (Business Intelligence)

Podemos focar o e-business ainda em duas especializações:

• **Business-to-Business, cuja abreviatura é B2B**: O chamado B2B nada mais é que a realização de negócios entre empresas pela Internet. Uma empresa, seja de pequeno, médio ou grande porte, pode ter uma solução desenvolvida no ambiente web para negociar com seus fornecedores, realizar pedidos, fazer pagamentos.

• **Business-to-Comerce, também referenciado como B2C**: Já o chamado B2C inclui a realização de negócios, também pela Internet, diretamente com os clientes. Ou seja, por meio de um site na Internet, a empresa pode vender livros, flores, agendar consultas, fazer vendas.

Algumas das principais vantagens do e-business são:

• **integração**: sistemas conectados como ERP e SCM facilitam a troca de informações;

• **agilidade**: informações em tempo real sobre o seu negócio, facilitam a tomada de decisão;

• **transparência**: todas as etapas envolvidas estão disponíveis para o nível gerencial.

CAPÍTULO

EXPLICANDO B.I. GRAFICAMENTE

CAPÍTULO 13 – Explicando B.I. Graficamente ✓ 127

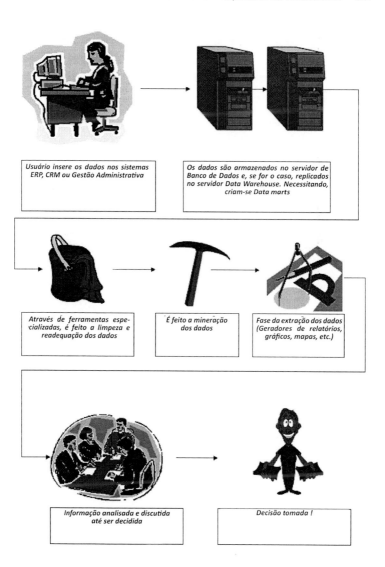

CAPÍTULO 14

B.I. NA PRÁTICA

CAPÍTULO 14 – B.I. na Prática ✓ 131

Vamos analisar como seria, por exemplo, a aplicação do B.I. em um estabelecimento comercial especializado em comércio de pães, confeitaria e lanches.

Nomes e informações abaixo são empíricos.

ANTES

Manoel era dono da panificadora "Fios de Ouro". Durante anos sua especialização era venda de pães e derivados do leite. Além disso, não tinha concorrência no bairro onde era estabelecido. Criou e educou seu filho Joaquim sem muitos problemas, pois seus produtos eram comercializados e bem aceitos pela clientela.

As duas únicas informações gerenciais que se preocupava era com o faturamento diário e com o seu estoque de produtos. Basicamente quando suas prateleiras estavam esvaziando, corria para abastecê-las.

Durante anos essa foi a sua rotina.

Por volta de 1990, Manoel começou a perceber o progresso chegando ao seu bairro. Empresas novas, tráfego intenso de veículos e pessoas, além de novos estabelecimentos comerciais com características similares as suas, porém com outros atrativos como doces e lanches.

Começou a perceber que houve uma queda na sua clientela. Diante disso, resolveu apostar e começou a comercializar os produtos que sua concorrência trabalhava.

No entanto, seu controle gerencial continuava sendo na "ponta do lápis" e seu controle de estoque era na base do "olhômetro".

Com o passar do tempo, Manoel percebeu que não tinha mais a garra que lhe era peculiar. Mas isso não era problema, pois seu filho, Joaquim, era interessado neste ramo de negócio.

Joaquim, às custas do comércio do sr. Manoel, cursou faculdade e tinha um ânimo renovado para alavancar as vendas da padaria.

132 ✓ Decisões com B.I. (Business Intelligence)

Com o tempo passando, analisando os seus clientes, fornecedores e também seus concorrentes, Joaquim percebeu que aquele controle rudimentar que era feito com pequenas anotações era insuficiente para que seu comércio evoluísse.

Era o fim do século XX e a informática começava a "deslanchar" de forma acintosa nas empresas.

Joaquim resolveu apostar na "nova onda", mesmo não tendo muita aprovação por parte do Sr. Manoel que não entendia como aquelas "máquinas" poderiam "tomar" o seu lugar de gestor.

Compras e vendas que alimentavam o financeiro além do controle do estoque eram os principais benefícios que Joaquim notava a cada dia. Não precisava mais ocupar sua "intuição" com os controles gerenciais aplicados até então.

No entanto, após a estabilização dos sistemas, Joaquim notou que o investimento feito com a informatização da padaria não era ainda o diferencial esperado para angariar novos e fidelizar os seus clientes.

Depois

Analisando o mercado, Joaquim resolveu aplicar seus conceitos adquiridos na faculdade sobre BI e foi atrás de soluções no mercado que pudessem lhe auxiliar.

Após muita consulta e análise, Joaquim conseguiu encontrar o sistema e a metodologia que lhe agradavam.

Com relatórios estatísticos, gráficos gerenciais, mapas de consumo e sinaleiros de advertência gerados pela ferramenta de BI, Joaquim percebeu que muitos de seus produtos comercializados não estavam agradando seus clientes de forma esperada. Algumas medidas eram necessárias para agilizar o atendimento e integralizar ainda mais as informações.

Não demorou muito tempo para que Joaquim percebesse a importância em ter um sistema que lhe auxiliasse a tomar certas decisões de forma correta e eficaz.

Com as ferramentas da informática e os controles de BI Joaquim sabia exatamente o quê fazer e quando tomar decisões para o futuro do empreendimento erguido com o suor de seu pai.

Atualmente Manoel não trabalha mais na padaria, porém sente-se orgulhoso de seu filho Joaquim que soube manter o comércio e aumentar o faturamento de tal forma que estão pensando em constituir uma nova filial em um novo bairro da cidade onde vivem.

EXEMPLOS PRÁTICOS DE USO DO B.I.

GM

Muitas empresas já colhem os bons frutos possibilitados pelas soluções de BI. Há cerca de dois anos, a General Motors do Brasil (GM) padronizou sua infra-estrutura de análise de dados, seguindo diretrizes da corporação mundial, com plataforma de Business Intelligence® (BI). São atendidas pela solução as áreas de Marketing e Vendas, focadas no processo *"Order to Delivery"*, que reflete as informações desde um pedido até sua entrega ao consumidor; além das áreas de Manufatura , Finanças e Compras, responsáveis pela compra de materiais indiretos, previsão de vendas de veículos (*demand sensing*), análises de vendas on-line e análise da performance de processos internos ligados ao consumidor final. O uso da plataforma de BI permitiu, ainda, à GM a troca de informações entre seus escritórios regionais em todo Brasil, além de ajudar a GM a entender melhor o perfil dos consumidores dos veículos da montadora.

Antes dessa opção, a GM já possuía vários processos e áreas dependentes de informações derivadas de diferentes negócios para a tomada de decisão. Porém, na maioria das vezes eram projetos elaborados manualmente, com diferentes sistemas e planilhas, que não interagiam entre si. "Havia a necessidade de se estabelecer uma estratégia de tecnologia para suportar as ações da empresa de maneira consistente e integrada. Foi, então, criada uma área específica denominada '*Executive Information Management*', com a missão de otimizar o potencial de uso da solução de BI", explica Hélio Avelino da Silva, gerente de tecnologia em planejamento estratégico e gerenciamento de informações da GM.

A implementação das soluções foi iniciada em um projeto para cerca de 20 pessoas. Hoje, conta com mais de 600 usuários, entre analistas, supervisores, coordenadores, gerentes e diretores.

A opção por uma solução completa de BI, segundo Silva, foi uma estratégia para que a empresa obtivesse informações competitivas de mercado. Graças a essa iniciativa, a GM do Brasil comemora o fato de ser mais rápido e mais fácil obter o cruzamento das informações de seu dia-a-dia sobre os negócios, para a obtenção de modelos de informação que auxiliam em muito o processo de tomada de decisão.

138 ✓ Decisões com B.I. (Business Intelligence)

Outro benefício constatado é a facilidade na criação de relatórios. "Passamos a contar com mais rapidez na obtenção de qualquer informação do sistema e maior facilidade no cruzamento dos dados existentes, como por exemplo, filtros por região, tempo ou modelos dos veículos comercializados. Com ele, todo dia na parte da manhã, os executivos da empresa podem ler os relatórios eletrônicos para saber quanto foi vendido no dia anterior", acrescenta Silva. Para comportar todas essas informações, a GM possui vários bancos de dados de portes médio e grande que constituem Data Marts especializados. "Temos como perfil a adoção de tecnologias maduras provindas de empresas que tenham infra-estrutura adequada e que nos ofereçam todo suporte e consultoria no país.

VÉSPER

Um outro exemplo é o da Vésper. Operadora local da Embratel, a Vésper implantou o sistema de gestão de processos de negócio da Fuego, que agilizou o atendimento de banda larga sem fio a usuários finais. Cerca de 70% dos usuários que adquirem o serviço de BI, segundo a operadora, são atendidos em 24 horas. O restante é atendido em até 48 horas. A tecnologia permite sincronismo operacional, tornando a operadora capaz de gerenciar todas as atividades relacionadas ao negócio, inclusive os processos das empresas terceirizadas, com uma equipe bastante reduzida: quatro funcionários.

Nos primeiros três meses de operação do BI, a solução já garantiu uma eficiência de 80% na entrega dos terminais. Em seis meses, o percentual chegou a 95%, proporcionando um grande diferencial competitivo.

No início do projeto foram mapeadas 30 macro atividades relacionadas a operações. Com o sistema elas foram reduzidas para cinco, otimizando recursos e identificando onde poderiam ser feitas melhorias.

Sistema Brasileiro de Televisão

Os cerca de 80 gestores do SBT (Sistema Brasileiro de Televisão), segunda maior emissora de TV do país, com 5 mil funcionários e 105 emissoras filiadas que cobrem 95% do território nacional, estavam acostumados a usar planilhas eletrônicas, mas cada qual a sua maneira e com seus números.

Para garantir o acesso a informações atualizadas e consistentes, a equipe de TI da emissora sugeriu uma solução de Business Intelligence® (BI), no final de 2005. Mas o que se viu foi uma resistência forte ao projeto por parte dos diretores e analistas do departamento comercial. Nada tinha a ver com tecnologia, mas com uma insegurança para enfrentar mudanças na forma de trabalho. "Esses funcionários passavam dias inteiros inserindo dados nas planilhas e faziam de duas a três horas extras em período de balanço para conseguir dar conta do recado. Quando dissemos que o trabalho seria feito online, sem necessidade de digitar os números, muitos ficaram com medo de perder a função", diz Nelson Carpinelli, gerente de TI do SBT.

Para integrar os gestores no conceito de BI, a equipe de TI criou um programa de gestão de mudança, com treinamento e palestras sobre as vantagens que o comprometimento deles com o projeto trariam. "Por duas semanas, fizemos com que os usuários mais resistentes comprassem o projeto, pois eles entenderam que seu papel seria mais estratégico para a companhia", afirma Carpinelli.

Outra barreira encontrada na fase inicial do projeto foi perceber que ainda havia desconfiança em relação ao conceito de BI, devido a uma tentativa anterior de implementação, também na área comercial, mas que não tinha dado certo.

Segundo Carpinelli, faltou na época um patrocinador forte para a iniciativa, e o projeto envolvia o uso de uma ferramenta específica, em vez do conhecido Excel. Desta vez, a solução para centralizar as informações de apoio às decisões de negócio seria implementada com uma modificação de banco de dados, mas não de interface, que continuou a ser a do pacote Office, da Microsoft. "Os diretores não queriam abrir mão das planilhas eletrônicas. Mas conseguimos provar que o BI resultaria num modelo integrado das bases de informação, o que é mais confiável", diz Carpinelli.

140 ✓ Decisões com B.I. (Business Intelligence)

Internamente, a equipe de TI do SBT, formada por 12 profissionais, desenvolveu uma arquitetura de Data Marts incrementais em vez de um Data Warehouse tradicional. "Era preciso gerar confiança nos números do sistema. Então, implantamos pequenos BIs, gerando um grande banco de dados com informações úteis", diz Carpinelli.

A segurança também foi levada em consideração pelo SBT na hora de aderir ao BI. Muitas das informações comerciais que circulam nas planilhas são confidenciais. Quando os números eram trabalhados de forma descentralizada não era possível assegurar o sigilo. Agora, os 80 gestores da empresa que utilizam o BI precisam digitar senhas para entrar no portal comercial. "No fundo, o BI gerou um redesenho dos processos de decisão" afirma Carpinelli.

REDECARD

Com 300 usuários e 22.000 relatórios gerados só em março deste ano, informações de 740 mil clientes são processadas com uma economia de 70% devido a existência de uma área de Business Intelligence® dentro do departamento de Marketing. Com este modelo inovador, mais do que um Data Warehouse (DW) ou uma solução de BI, a Redecard criou uma divisão especial para transformar ferramentas tecnológicas em soluções, de fato, voltadas aos negócios.

A iniciativa deu certo. Hoje, na empresa - que detém 45% do mercado nacional de operações com cartões de crédito e débito, com 740 mil estabelecimentos credenciados e 680 milhões de transações registradas em 2003 -, 40% de seus funcionários acessam diariamente este DW, todos efetuando análises on-line via web.

Desempenho das campanhas de marketing, histórico de clientes e de vendas são alguns exemplos de relatórios que a equipe da Redecard pode acessar.

Um dos fatores que contribuíram para o bom desempenho nos negócios da Redecard é o fato da empresa basear-se com grande intensidade em informações históricas para suas atividades diárias. Ante-

CAPÍTULO 15 – Exemplos Práticos de Uso do B.I. ✓ 141

riormente ao Data Warehouse, o acesso aos dados estratégicos era baseado em relatórios transacionais e 'cubos', o que impedia decisões rápidas e demandava maior tempo na criação de relatórios. Com o investimento em um Data Warehouse - um grande armazém de dados - e com a criação do departamento de BI, este cenário mudou.

"Podemos afirmar que, hoje, a utilização dos dados do DW para suas ações diárias está inserida na cultura da empresa, desde os representantes de vendas, que necessitam de informações no contato com o cliente, até as informações enviadas diariamente a alta diretoria", analisa Esteves. Este sucesso é resultado da atuação de uma área de Business Intelligence®, que trouxe à empresa um maior "entendimento" de seus clientes, e pelo uso otimizado das principais ferramentas de BI existentes no mercado que exigem alto desempenho.

Atualmente, o DW da Redecard conta com uma base de dados com 300 gigabytes compactados, onde são guardadas as informações estritamente necessárias de seus 740 mil clientes, apontados por um processo de levantamento de necessidades e oportunidades. Com isso, a empresa tem um armazenamento eficaz, possibilitando um crescimento contínuo e incremental de novas informações.

Para se ter idéia do volume de utilização do DW, com cerca de 300 usuários cadastrados no site do 'BI', foram executados mais de 22.000 relatórios somente em março de 2004. "Se fizermos uma análise rápida, no mínimo cada usuário executa dois relatórios a cada dia", revela Sergio Lopes, gerente de DW da Redecard. Hoje, os representantes acessam esses relatórios que, por exemplo, trazem o histórico de cada cliente, apontam quais produtos devem ser vendidos e conseguem revelar o desempenho dos estabelecimentos comerciais.

Já o marketing tem condições de selecionar e avaliar diariamente as campanhas, garantindo uma agilidade muito maior para reagir diante de alguma ação da concorrência. "Para suportar este grande volume de acesso, obtendo análises históricas com performance, a utilização de um banco com características totalmente voltada para Data Warehouse, como o Sybase IQ, é fundamental", observa Sergio Lopes.

142 ✓ Decisões com B.I. (Business Intelligence)

Além de dados estratégicos para o negócio, o BI da Redecard também apóia a área de logística da empresa, permitindo uma análise operacional da rede de POS (equipamento usado pelos estabelecimentos comerciais no pagamento com cartão). Em 2002, o DW passou por uma revisão geral de suas tabelas e tempos de respostas dos relatórios. "Em um dos nossos relatórios mais utilizados, que analisava o histórico de vendas de um grande cliente, o tempo de resposta era de aproximadamente 30 minutos. Após uma série de melhorias no modelo de dados, no final de 2002, o tempo para gerar o mesmo relatório caiu para 20 segundos", revela Sergio Lopes. Em 2003, este processo de melhorias contínuas avançou e o foco passou a ser a implementação de um programa de qualidade de dados, que foi concluído no final de 2003.

Outra vantagem existente é armazenar cada coluna como um objeto independente, ou seja, ser orientado por coluna. Esta forma de armazenamento possibilita uma flexibilidade na criação do modelo de dados, existindo tabelas com o máximo de informações possíveis e também com rapidez na consulta. "Com este desempenho, diminuímos o tempo de coleta de informação e, conseqüentemente, ganhamos uma agilidade maior para tomar decisões e estamos mais competitivos", finaliza Sergio Lopes.

ABC Inco

Considerada uma das mais importantes processadoras de soja do Brasil e atenta à concorrência do mercado de grãos, a ABC INCO aumentou a inteligência do negócio na planta onde fabrica óleo, farelo de soja e creme vegetal para as áreas de vendas, produção e grãos.

Com o projeto a ABC INCO fornece aos seus gestores informações mais abrangentes dos negócios, de maneira rápida e confiável. A empresa contratada criou Data Marts para as áreas de vendas, produção e grãos, extraindo dados do seu ERP e de outros sistemas existentes na companhia. Utilizando as tecnologias envolvidas ao BI foram desenvolvidos 22 relatórios para análise de pedidos, faturamento, transações comerciais, logística do processo de recebimento, armazenamento, entre outros.

CAPÍTULO 15 – Exemplos Práticos de Uso do B.I. ✓ 143

"Agora possuímos uma ferramenta que permite uma análise mais profunda das informações. Isso proporciona um grande ganho de performance porque não perdemos mais tempo para obter os dados para análise. Além disso, os executivos podem acessar a solução a qualquer hora e local, via Internet", diz Eduardo Steiner, gerente de Marketing e Administração de vendas da ABC INCO.

Um dos principais benefícios obtidos pela ABC INCO é o melhor gerenciamento da carteira de clientes. "Nossa área de vendas agora possui uma visão maior das oportunidades de negócio, através de estudo da nossa base de informação já conseguimos crescer o número de positivação da nossa carteira de clientes em mais de 20% comparado com o mesmo período do ano anterior, que para nós é muito importante no mix de vendas".

"Hoje quando falamos de informação, sabemos que o fato de tê-la não significa muito. Há uma necessidade da empresa adquirir uma cultura para poder avaliar o que está obtendo. Agora conseguimos enxergar melhor o nosso mercado e tomar decisões de maneira rápida e segura. Podemos analisar os dados históricos, compará-los com os atuais para fazer planos de ações. E no final, medimos os resultados dessas atividades. É um ciclo que traz a possibilidade de melhorar continuamente", explica Steiner.

GVT

Um dos exemplos de implementação de Business Intelligence® bem sucedida foi o da GVT. Uma solução integrada a um banco de dados com 800 Gb - com previsão de chegar até 2 Tb - propiciou uma redução de custos da ordem de R$ 3 milhões, em 2002. Com isso, o retorno do investimento se deu em menos de doze meses, já que, para implantá-lo, a GVT investiu pouco mais de R$ 500 mil, com previsão de um aporte de R$ 200 mil em dois anos (2003 e 2004).

A empresa registrou uma redução mensal de R$ 200 mil em sua área financeira, apenas com a simplificação e otimização do processo de emissão de relatórios e declaração de tráfego (de usuários) e interconexão (com outras operadoras). Por se tratar de uma solução baseada

144 ✓ Decisões com B.I. (Business Intelligence)

na web, essas informações possibilitaram a formatação de alguns diferenciais, como a loja virtual do portal GVT, que permite ao usuário consultar em tempo real se o seu endereço está dentro da área de cobertura da empresa, além de efetuar venda de linhas via web e gerar ordens de instalação, automaticamente.

A área de Business Intelligence® fez parte de um pacote de 17 projetos de TI lançados pela GVT, simultaneamente e de forma integrada, antes do início das operações da empresa, em outubro de 2000. A GVT foi a primeira operadora do setor de telecomunicações a se lançar no mercado já com um projeto de BI implantado.

A empresa precisava de uma ferramenta que permitisse flexibilidade na instalação de servidores e que pudesse estar conectada a um banco de dados relacional, podendo ser utilizada pela web através da intranet. Além disso, existia a necessidade da integração de sistemas que pudessem registrar resultados rápidos e eficientes.

Iniciar a implementação da solução de Business Intelligence®, antes da venda efetiva de qualquer serviço ao cliente, foi essencial para a GVT porque possibilitou avaliar a estruturação e funcionamento interno da empresa face às oportunidades e ameaças do mercado. Assim, quando se deu início a operação, foi possível fazer internamente as adaptações necessárias à realidade a partir da análise de dados operacionais relacionados a vendas, ligações, ordens de instalação, tempo e capacidade de atendimento.

As informações disponibilizadas pela área de Business Intelligence® são de extrema importância para auxiliar e formatar ações, que vão desde o desenvolvimento de promoções dirigidas aos diferentes perfis de clientes, até adequações dos procedimentos adotados por áreas como as de atendimento e engenharia. Os executivos da empresa podem até acessar os relatórios gerados pelo sistema de qualquer lugar, mesmo no exterior, via web e com segurança. Dessa forma, a empresa pode otimizar resultados e traçar estratégias mais focadas nas necessidades dos clientes. Uma das principais vantagens da solução foi o acesso a quaisquer bancos de dados, a facilidade de se colocar rapidamente novos conteúdos no ar e a rapidez da difusão das informações, atendendo nacionalmente as necessidades da empresa. A solução de

CAPÍTULO 15 – Exemplos Práticos de Uso do B.I. ✓ 145

BI é acessada em 9 estados, localizados nas regiões sul, norte e centro-oeste, além do Distrito Federal.

Com uma visão completa do negócio, foi possível à GVT reduzir em até 60% o tempo gasto em processos internos e diminuir entre 20 e 30% o tempo de atendimento ao cliente. Isso sem contar a economia com equipamentos, locomoção com profissionais, que passaram a ter relatórios estratégicos em sua própria estação de trabalho, partindo de uma visão macro da empresa até a ponta do cliente. Até mesmo o CDR (*Call Detail Record*), um relatório detalhado e extenso, que gera declaração de tráfego para acordos com outras operadoras e, até mesmo, para a prestação de contas para a ANATEL (Agência Nacional das Telecomunicações), que agora é gerado em poucos minutos.

Atualmente, as áreas que mais utilizam esta solução são: departamento de vendas (informações sobre os clientes e demanda); atendimento ao cliente (informações importantes para aperfeiçoar o processo); engenharia e operações (acompanhamento do tempo de instalação e provisionamento das linhas); marketing (análise de produtos, perfis, segmentos de tráfego, hábitos dos clientes); e financeiro (controle da receita gerada e pagamentos), permitindo que os seus diretores também possam acessar os seus relatórios de interesse pela web, com toda a segurança, de onde quer que eles estejam mesmo do exterior.

BIBLIOGRAFIA

Bibliografia ✓ 149

Livros

- **Business Intelligence - Modelagem e Tecnologia**

Autor: Carlos Barbieri.

Editora: Axcel.

- **Como Construir o Data Warehouse**

Autor: Inmon, W.H.

Editora: Campus.

- **Competição Analítica**

Autor: Davenport.

Editora: Campus.

- **Data Base: Structured Techniques for Design, Performance and Management**

Autores: John Wiley e filhos.

Editora: Addison-Wesley.

- **Data Warehouse Toolkit**

Autor: Ralph Kimball.

Editora: Campus.

- **Data Warehousing - Using Wall Mart Model**

Autor: Paul Westermann.

Editora: Morgan Kaufmann.

- **Data Mining and Uncertain Reasoning: An Integrated Approach**

Autores: Z.Chen, John Wiley & Sons.

Editora: John Wiley Professio.

150 ✓ Decisões com B.I. (Business Intelligence)

• **Dimensional Modeling Manifesto**

Autor: Kimbal, Ralph.

Editora: Makron Books.

• **Integrating web-based data mining tools with business models for knowledge managment**

Autores: H.Heinrichs, Jeen-Su Lim.

Editora: Decisión Support Systems.

• **Inteligência Competitiva**

Autores: Elisabeth Gomes e Fabiane Braga.

Editora: Campus.

• **Técnicas para Construção de Data Warehouses Dimensionais**

Autor: Kimbal, Ralph.

Editora: Makron Books.

ARTIGOS

• **Business Intelligence: Inteligência nos Negócios**

Autores: Iris Fabiana de Barcelos Tronto, Ana Cláudia Araujo, José Demíso Simões da Silva, Nilson Sant´anna.

• **BI apóia executivos na tomada de decisão**

Autora: Edileuza Soares.

• **Business Intelligence como diferencial competitivo**

Autor: Ricardo Veríssimo.

- **BI: Data Marts**

Autor: Michel de Souza.

- **Business Intelligence: Ferramenta de aquisição de informação e conhecimento como diferencial competitivo no processo decisório**

Autores: Sérgio Luiz Tafner e Aroldo Bernhardt.

- **Data Warehouse**

Autor: Michel de Souza.

- **Data Warehouse**

Autor: Ivã Cielo.

- **A Importância do Business Intelligence no Planejamento Estratégico de Pequenas e Médias Empresas**

Autor: Renato Habermann.

- **Gestão do Conhecimento - Estratégia Competitivas para a Criação e Mobilização do Conhecimento na Empresa**

Autor: Saulo Figueiredo.

Teses, Dissertações e Conferências

- **Data Mining através de indução de Regras e Algoritmos Genéticos**

Autor: D. R. Carvalho

Dissertação de Mestrado em Informática Aplicada, PUCPR, PR, 1999.

- **http://www.dei.unicap.br/~almir/seminarios/2000.1/datawarehouse/equipe.htm**

Autores: Carina Furtado, Juliana Aguiar, Liliana Lyra, Malvina Karynne, Renata Guimarães.

152 ✓ Decisões com B.I. (Business Intelligence)

• **Business Intelligence Road Map - The Complete Project Lifecycle for Decision Support Applications**

Autoras: Larissa Moss e Shaku Atre.

• **A hybrid decision tree/genetic algoritm for coping with the problem of small disjuncts in Data Mining**

Autor: D. R. Carvalho.

In:2000 Genetic and Evolutionary Computation Conference, Las Vegas. 2000.

• **A hybrid genetic algorithm decision tree approach for coping with unbalanced classes**

Autor: D. R. Carvalho.

In: The Second International Conference on Pratical Application of Knowledge Management, London. 1998.

SITES E REVISTAS

• **Next Generation - http://www.nextg.com.br**

• **WebInsider – http://webinsider.uol.com.br**

• **WiseBusiness – http://www.bipack.com.br**

• **WebLivre.net – http://www.weblivre.net**

• **IMasters – http://imasters.uol.com.br/secao/bi**

• **Edição extra da revista PCWorld – Como Implantar a Estratégia de BI**

Impressão e acabamento
Gráfica da Editora Ciência Moderna Ltda.
Tel: (21) 2201-6662